J. B Nordhoff

Das Westfalen-Land und die urgeschichtliche Anthropologie

J. B Nordhoff

Das Westfalen-Land und die urgeschichtliche Anthropologie

ISBN/EAN: 9783743436435

Hergestellt in Europa, USA, Kanada, Australien, Japan

Cover: Foto ©ninafisch / pixelio.de

Weitere Bücher finden Sie auf **www.hansebooks.com**

Das

Westfalen-Land

und die

urgeschichtliche Anthropologie

(Römerspuren, Erd- und Steindenkmäler, Kleinwerke, Höhlen und ethnographische Alterthümer).

Geschichtliches, Sammlungen, Literatur etc.
zugleich als Beihülfe zu antiquarischer Forschung
und Kartographie.

Von **Dr. J. B. Nordhoff,**
Professor an der Königlichen Akademie zu Münster.

Mit einer Karte der Umgebung von Münster.

→⇥—⇤←

Münster 1890.
Druck und Verlag der Regensberg'schen Buchhandlung
(B. Theissing).

Vorbemerkung.

Die vorliegende Schrift behandelt die Anthropologie des Westfalenlandes, sofern diese den urgeschichtlichen Spuren und Denkmälern menschlichen Schaffens nachgeht, vorab von der literargeschichtlichen Seite, und zwar skizzirt der erste Theil die bezüglichen Regungen und Strebungen der frühern Jahrhunderte, vom gegenwärtigen berücksichtigt sie den Gang und die Fortschritte der Wissenschaft und die Thätigkeit der Vereine, sowie die antiquarischen Karten und Sammlungen. Dagegen liess sich die Literatur des 19. Jahrh. ohne erhebliche Erweiterung des Raumes nur in einem bibliographischen Verzeichnisse bieten und dieses sonderte sich daher als zweiter Theil ab; — beide Theile greifen indess mit ihrem chronologischen Faden und wiederholt mit der Fächerfolge, hoffentlich zum Besten des Ganzen, in einander.

Ueberall wurde die kürzeste Fassung beobachtet, — doch ergänzen sich die knappen Citate des ersten Theiles leicht durch die bibliographischen Angaben des zweiten, und erläutert die hauptsächlichsten Abkürzungen eine besondere Tafel.

Dass das beigefügte antiquarische Kärtchen auch Zuthaten aus dem Mittelalter enthält, werden die Erörterungen S. 6 entschuldigen, wenn nicht rechtfertigen.

Mein Unternehmen wurde veranlasst durch die erfreuliche Nachricht, dass im August dieses Jahres die deutsche anthropologische Gesellschaft in der Hauptstadt der Provinz Westfalen tagen werde, und wenn schon andere Mängel der Schrift der gelegentlichen Entstehung entspringen, so waren zur Zeit einzelne einschlägige Druckwerke und zumal gewisse ältere Zeitschriften und Zeitungen weder von grösseren noch von den ihren Druckorten benachbarten Bibliotheken zu beziehen — also leider nicht auszubeuten.

Dennoch möchten diese Zeilen die Urgeschichtsforschung der engern Heimath in weiteren Kreisen fördern und besonders nach verschiedenen Richtungen hin willkommene Winke für ihre hehren und oft schweren Ziele den Forschern, Alterthumsfreunden und Sammlern geben. Indem ich diesen ein ermunterndes Wohlan! zurufe, statte ich herzlichen Dank Allen nah und fern ab, welche durch Mittheilungen oder sonstwie dieser kleinen Arbeit ihr Wohlwollen bezeugt haben.

Münster, im Juni 1890.

D. V.

Inhalt.

Geschichtliches.

	Seite
Einleitung	1
Römerspuren	3
Stein- und Erddenkmäler	7
Kleinwerke	15
Höhlenforschung	16
Ethnographische Alterthümer	17
Praehistorische Kartographie	19
Rückblicke	20
das 19. Jahrhundert	20
die letzten dreissig Jahre	12
Die Sammlungen	25

Literatur:

Ueber allerlei Denkmäler	33
„ Römerspuren	34
„ Stein- und Erdwerke	39
„ Kleinwerke	43
„ Höhlenforschung	47
„ Ethnographische Alterthümer	48

Abkürzungen.

Anth = Anthropologen u. Anthropologie.
A-m = Alterthum.
A-K = Alterthums-Kunde.
A-v = Archiv.
Azg = Anzeiger.
Azg K V = Anzeiger für Kunde der deutschen Vorzeit.
Ber = Bericht.
Bl, Bll = Blatt oder Blätter.
Corr-Bl d. G. V. = Correspondenz-Blatt des Gesammtvereines der deutschen Geschichts- und Alterthums-Vereine.
Corr.-Bl. d. nat. Ver. = Correspondenzblatt des naturhistor. Vereins der Preussischen Rheinlande und Westfalens. (Bonn.)
D-m-l = Denkmal.
F-d = Fund.
G = Geschichte.
G-lich = geschichtlich.
Ges = Gesellschaft.
H = Heft.
J-ber. = Jahresbericht.
K = Kunde.
Kat. Berl. Aust. = Katalog der Ausstellung prähistor. u. anth. Funde Deutschlands. Berlin 1880.
M-g = Mittheilung.
M-gen O = Mittheilungen des histor. Vereins zu Osnabrück.
N-S = Niedersachsen.
Sch = Schrift.
S = Sitzungsbericht.
S. niederrh. Ges. = Sitzungsberichte der niederrheinischen Gesellschaft für Natur- und Heilkunde in Bonn.
S-lg = Sammlung.
V-n = Verein.
Verh. Berl. Ges. = Verhandlungen der Berliner Gesellschaft für Anthropologie, Ethnologie und Urgeschichte.
Verh. d. nat. V-s = Verhandlungen des naturhist. Vereins der Preuss Rheinlande und Westfalens.
W-n = Westfalen.
W-scher = Westfälischer.
Z = Zeitschrift.
Z-g = Zeitung.
Z. N. S. = Zeitschrift des histor. Vereins für Niedersachsen.
Z. W. = Zeitschrift für vaterl. Geschichte und Alterthumskunde (Westfalens).

Geschichtliches.

Westfalen[1]) hat an der urgeschichtlichen Anthropologie in doppelter Hinsicht einen hervorragenden Antheil: es überkam aus altersgrauer Vorzeit ebenso mannigfaltige und zahlreiche als grossartige Zeugnisse der Handfertigkeit und gab damit heimischen und auswärtigen Gelehrten und Liebhabern bis auf den heutigen Tag sowohl Anlass zu Entdeckungen, Orts-Untersuchungen und Sammlungen, als zu gelehrten Erörterungen, literarischen und wissenschaftlichen Arbeiten.

Kaum war mit dem Humanismus die heimathliche Geschichtsforschung angebrochen, da machte der geniale Denker und Künstler Lionardo da Vinci († 1519) aus den bei Canalbauten gewonnenen Versteinerungen von Pflanzen und Thieren rationelle Schlüsse auf die Bildung der Erde und die einstige Vormacht des Meeres[2]), und die Jagd auf Naturalien und Curiositäten, die bis dahin der Welt gleichgültig oder räthselhaft waren, rührte bekanntlich auch unsern hochbegabten Maler Dürer[3]). Um ein gutes Menschenalter weiter begnügten sich der Vorsteher des Vaticanischen Gartens M. Mercati zu Rom und der französische Künstler B. Palissy (1515—1590) nicht mehr damit, Fossilien, monströse Naturgebilde, Donnerkeile und Artefacte in förmlichen Sammlungen zu vereinigen, sie gaben auch ihre daran geknüpften

---

[1]) d. h. die Provinz im sächsischen Kerntheile, der Regierungsbezirk Osnabrück, das Oldenburgische Münsterland, Lippe u. (meistentheils) Waldeck.
[2]) M. Neumayr, Erdg. (1886) I. 18. J. J. Graesse, Literärg. 3 I. 879.
[3]) Vgl. A. Kaufmann, Albrecht Dürer A² S. 117.

Grübeleien und Gedanken der Oeffentlichkeit kund.[1]) Mercati insbesondere gilt für den ersten Prähistoriker[2]) menschlichen Schaffens. Laut seiner Metallotheca, welche die seltsamsten Dinge in Wort und Bild umfasst, leuchtete ihm bereits der anthropologische Ursprung der Donnerkeile (Blitzsteine)[3], überhaupt die anfängliche Armuth der Menschen an Metall und demgemäss dessen Ersatz durch Steine und Steingeräth ein.

Der dem begabten Manne neben seinem kunstreichen Kupferstich für die Illustrationen auch sein Wissen für die Bearbeitung der Metallotheca[4]) lieh, — war ein Westfale und wiederum ein Künstler: Anton Eisenhuth aus Warburg lieferte ihm nämlich einen Westfälischen Beitrag mit den sogen. Katzenkäsen (trochitae) von Marsberg, und sein italienischer Aufenthalt 1578—1585[5]) bezeichnet zugleich die Entstehungszeit des splendiden Werkes von Mercati, der erst 1593 starb.

Der grosse Umkreis von urgeschichtlichen Denkmälern und Alterthümern, deren Heimath Westfalen ist, trennt sich für unsere Zwecke füglich in folgende Gruppen: 1) Römerspuren, 2) Stein- und Grabdenkmäler, Wallburgen, „Landwehren" und Erdaufwürfe, 3) Kleinwerke, 4) die Höhlen und Höhlenfunde, 5) die vorzugsweise in den Sitten und der Beschäftigung der Urzeit wurzelnden Werke und Gegenstände.

Prähistorische Beobachtungen wurden hier frühzeitig

---

[1]) Ueber Palissy: Nouvelle Biographie universelle 39, 91 ff.
[2]) A. Rauber, Urg. des Menschen (1884) I, 19.
[3]) Diesen Namen führen stellenweise versteinerte Belemniten — sonst überall Steinkeile und Steinmeissel durchschnittlich ohne Stielloch (H. Hartmann: Pick's Monatsschr. VII, 168), was sogar Antiquaren des 19. Jahrh. unbekannt blieb. Vgl. L. v. Ledebur's Allgem. A-V f. G-K des Preussischen Staates XI, 80.
[4]) Die Metallotheca erschien erst 1717, die Appendix 1719. F. X. de Feller, Dictionnaire historique Ed³ VI, 335.
[5]) Meine Abhandlungen über Eisenhuth in den (Bonner) Jahrbüchern des Vereins von A-msfreunden im Rheinlande seit 1879 und besonders H. LXXVII, 144—146. LXXXII, 137.

gemacht, doch anfänglich nicht so sehr um ihrer selbst
willen, denn als Stützen geschichtlicher Vermuthungen und
Aussagen; die ersten Beobachter sind Schüler des Humanismus, die ersten namhaften Funde gehören der römischen
Antike an, und auch die übrigen Zweige der Anthropologie, mit
wesentlicher Ausnahme der Höhlenkunde, knüpfen an die
Berichte der klassischen Autoren.

* * *

Kaum[1]) (1554) hatte man in Schleswig alte Metallwaffen
und Urnen mit Geknöch entdeckt, Urnenhügel von Steinen
umkreist angegraben[2]), da fällt 1556 hier dem H. Hamelman[3]) (Lemgo) gerade im Lippischen Lande eine Gattung
von Alterthümern auf, die in solcher Eigenart bis heute

---

[1]) Schon im Mittelalter wurden A-mer als g-liche Beweismittel betont,
so um 1092 von Norbertus, Vita Bennonis episcopi Osnaburg. c. 16: Montem
igitur (Jburg) antiquis temporibus munitissimo fuisse constructum
et egregiis sedibus ornatum, plurima indicia manifestum esse declarant.
Subterranea enim aedificia, quae quotidie pene eruuntur, huius
rei certum dare testimonium sufficiunt . . ., ganz treffend. Conf. Ann.
Lauriss. ad ann. 753 in Mon. Germ. Hist. I, 138. Noch vor Hamelman,
1520, belegt der Liesborner Mönch B. Wittius, Historia Westphaliae (1778)
p. 116 die Glaubwürdigkeit eines Treffens der Franken und Sachsen (784)
bei Cappel a. d. Lippe: in cuius rei argumentum nostris temporibus, dum
pro reformatione monasterii (Cappellensis) terra fodiebatur, inter mortuorum
ossa etiam arma et loricas, terra pene consumptas, e soli visceribus extractas vidimus — d. i. hart neben dem Platze, wohin man auch das Castell
Aliso verlegt.

[2]) J. A. Cypraeus, Annales episcoporum Slevicensium. Coloniae 1634.
l c. 2. p. 16 — also weit früher, als die erste von Dr. Pescheck verzeichnete Urnen-Literatur erschien. Azg K. V. 1853, S. 133.

[3]) H. Hamelmann, Opera genealogico-historica. 1711, p. 392, verlegte die Varusschlacht ins Lippische auf die vereinten Gründe der Aussagen des Tacitus, der Ortsnamen, der Funde von Mauertrümmern, Waffen,
Schwertern, Speeren, Menschengebeinen und varia numismata Romana
partim aurea, partim argentea, in quibus Julii, Augusti, Agrippae et aliorum Romanorum heroum et imagines et inscriptiones utcunque cognoscebantur, quae . . . ipse ante annos vigiuti sex vidi Lemgoviae.

noch kein Winkel Westfalens hob[1]), nämlich römische Waffen, Schwerter, Gold- und Silbermünzen (Gemäuer und Knochen); diese Entdeckungen wurden 1627 von Joh. Piderit (Blomberg): Chronicon comitatus Lippiae (p. 141, 165) bestätigt und, nachdem ein holländischer Schriftsteller in der Grafschaft Bentheim römische Kaisermünzen für die alte Kriegsgeschichte verwerthet hatte[2]), noch 1698 von E. C. Wasserbach (Lippe-Brake), der darüber die deutschen Alterthümer nicht vergass, in der Dissertatio de statua illustri Harminii vulgo Hiermensul, Lemgoviae (Ed[2]) um Bodenfunde und andere Stücke vermehrt. Das Fundergebniss hallte weit über die Wehren des Lippischen Landes hinaus. Von Römermünzen war nämlich bereits zu Barenau von irgendwie versprengten oder erworbenen Stücken, deren Herleitung noch jüngst zu leidenschaftlichen Federkämpfen geführt hat, eine Sammlung hergestellt, und darauf 1698 in einer Schrift von Zach. Goeze (Osnabrück) hingewiesen, der schon neun Jahre eher ein Stück mit dem Janus bifrons behandelt hatte[3]). Seitdem traten mehrere Bildnisse[4]), verschiedene Kleinwerke[5])

[1]) Vgl. P. Höfer, Varusschlacht. 1888, S. 252 f. H. Veltmann, F-de von Römermünzen und die Oertlichkeit der Varusschlacht. Osnabrück 1886. S. 34.

[2]) Bei Joh. Picardt, Korte Beschryvinge van eenige vergetene en verborgene Antiquiteten der provintien en landen ... tusschen de Noord-Zee, de Yssel, Emse en Lippe ... t'Amsterdam 1660, S 49.

[3]) Zangemeister, Westd. Z. VI, 335. Veltmann a. O. S. 6.

[4]) Nachweislich zuerst der mit dem Rindergespann beschnittene (insculptum) Carneol von Jhorst (Vechta) aus einem Heidenmonumente (Nunningh, Sepulchretum I. 6 § 3 Taf. VI No. 1), dann eine Merkurstatue von Bronze nebst Urnen und Münzen, gefunden vom fürstl. Münster. General von Corfey († 1733) in der Gegend von Voerden. J. Möser, Osnabrückische G. A² 1780 I, 160.

[5]) Von beiden die edelsten im Norden und wie vorauszusehen im Westen des Landes: so neben den kostbaren Stücken der vorigen Note 4. mehrzählige Erzbilder (Diepenbrock, Meppen, S. 81), darunter eine Statuette von Dorsten, einst in der Renesseschen Sammlung zu Coblenz (Bonner Jahrb. 58, 101, 105), ein schöner Pan (nicht Apollo) mit Syrinx, 10" hoch, von Haren beim A-ms-Vereine (Münster), eine zwischen Haltern und Münster gefundene Onyxvase im Königl. Museum zu Berlin (Veltmann,

und zumal im Nordquartiere, auch theilweise schon von J. Möser (Osnabrück) 1768 als Geschichtsquelle benutzt, Münzen (bis heute in Masse) ans Licht — und gerade die Klein- und Bildwerke schieden sich vermöge ihrer Formvollendung und Schrift zuerst von allen Alterthümern in chronologische Reihen. — Die Ortsnamen spielen von Hamelman bis heute bei der Deutung römischer und anderer Alterthümer eine grosse, nur zu oft naive Rolle. — Der monumentale Nachlass der Römer ist erst in unserem Jahrhunderte (1816) durch Nieberding (Vechta) in den Bohlwegen, deren Frage damals schon mehr als drei Geschlechtsalter angeregt war[1]), beachtet, in den dreissiger Jahren von den Officieren Müffling[2]) und Schmidt die Römerstrasse als Dammstrasse wieder erkannt und gut drei Jahrzehnte später, seitdem J. Schneider (Düsseldorf) die Wegeforschung[3]) über das Rheingebiet gen Osten ausbreitete, fasste diese auch in der Pro-

---

a. O. S. 86), der Lengericher Fund im Welfen-Museum (Azg. K. V. 1860, S. 269) und vermuthlich auch der kostbare Goldschmuck aus der Venner Gegend, angeblich an den Grafen Knyphausen in Ostfriesland verkauft (Th. Mommsen, Varusschlacht, 1885, S. 35). — Dem Osten entstammt ein emaillirter Trinkbecher aus dem schönen Pyrmonter Schatze (1863), wovon sich manche Stücke nach Darmstadt, Mainz und Bonn vertheilt haben (A. K. V. 1863, S. 452. — 1864 S. 269. Bonner Jahrb. 38, 35—46, 46), und ein 3½" hoher Mars aus gelber Bronze, gefunden zu Salzkotten (verschollen wie die grosse Camée von Liesborn (Nomke).

[1]) Menso Alting, Notitia Germaniae inferioris. Amstelaedami 1697 Tab. II. V. — Götting. Gelehrte Anzeigen 1819 S. 994. A. A. Behnes, Neues Vaterl. A-v. B. I u. II. F. v. Alten, Bohlwege A² S. 11, 19.

[2]) Spricht im Vorworte auch von hiesigen Dammstrassen Karls d. Gr. (Gepflasterte Römerstrassen sind bisher nur in kleinen Strecken entdeckt: zu Beckum im Kleiboden (aus Kieselsteinen, Schmidt Z. W. 20, 285) und auf der Grenze von Oldenburg und Emsland im Moore, quer durch die Radde (Müller, Z. N. S. 1868, S. 394). Im Heikenberger Lager deuteten gewisse Funde (Fr. Hülsenbeck, Castell Aliso, 1873, S. 87, 93) auf einzelne Steingebäude; dagegen bestand das Castell Aliso bloss aus Erd- und Holzwerken. Vgl. meinen Holz- u. Steinbau W-ns, S. 142.

[3]) Vgl. A. Chambalu: (Berliner) Philol. Wochenschr. 1887, S. 1386, 1415 — dagegen J. Asbach, M-gen aus Th. Bergks Nachlasse: Bonner Jahrbb. (1886) 81, 118 ff

vinz weiteren Fuss — häufig noch mit unsicheren und widersprechenden Resultaten[1]).

In die Untersuchung wurden wie von selbst einbegriffen die römischen Erdbarrieren (limites) und die Scheidewälle der Urbevölkerung — allerdings bis heute noch in unbeträchtlichem Maasse. Denn beide Denkmälerarten und die Dammstrassen ähneln, zumal sie heute meistentheils in den Fluchten und Flanken zerrissen, planirt oder doch entstellt vorliegen, zum besonderen Verdrusse einzelner Forscher im Aeussern nicht nur einander zu auffallend, sondern häufig auch den zahllosen und oft starken Zügen der Zollwehren, den jüngeren Terrain- und Stadtgrenzen und (zumal im Emsquartiere) den wirthschaftlichen Aufwürfen (Wallhecken) beim ersten Anblicke so sehr, dass eine gewisse Uebung, die Kenntniss der jedesmaligen Urform und nicht selten ein stundenweiter Verfolg der Linien und die Beachtung der Seitenfunde retten müssen[2]), wenn sie richtig aus dem verästelten Dammnetze des Landes gesondert und unter sich wieder sortirt werden sollen. Aehnliches gilt von den römischen Warten und germanischen[3]) Richt- und Opferstätten — weil beide als Hügel innerhalb Graben und Wall

---

[1]) Leider auch bezüglich des Castells Aliso; doch verträgt sich dessen unanfechtbare Lage an der Lippe (bei Hamm oder Cappel) wohl kaum mit der von Mommsen und älteren Osnabrückern vertretenen Ansicht, die Varusschlacht habe sich gegen den Dümmer-See hingezogen, weil dann die römischen Flüchtlinge eher dem Römerland im Westen, als mittelst Kreuzung verschiedener Wässer und Gebirge dem Castell zugeeilt wären (H. Erhard, Reg. Hist. W. I. No. 19); lag das Castell noch östlicher, etwa bei Elsen, so mussten sie sich sogar rückwärts in Feindesland bewegen. Dennoch bieten die F-de von Barenau und Umgegend bekanntlich wichtige Handhaben für den Verfolg der hiesigen Römerzüge und dann erst recht, wenn einmal östlich davon die F-de und Grabfelder von Wehdem bis Rhaden und überhaupt der Nordwesten des Lübbecker Kreises gehörig gesichtet und ausgebeutet werden.

[2]) Vgl. meine Bemerkungen über die Nothwendigkeit und Beschwerniss dieser Forschung: Z. W. 39, I, 141. — Unser Localkärtchen (Münster) bringt auch einige Proben „historischer" Aufwürfe und Landwehren.

[3]) Allgemeines über die germanischen Damm- und Erdwerke bietet mein: Haus, Hof, Mark und Gemeinde in Nordw-n. 1889 S. 12, 17, 26.

errichtet sind. Die „limites" dämmerten an manchen Stellen wieder auf, die altheimischen Wehren dagegen harren, trotzdem sie in den Schriftquellen und vereinzelt in den älteren Ortsgeschichten zu Ehren kamen, noch massenhaft der Klärung und einer so bestimmten Zurückführung auf die Urheber, wie die Scheidewehr der Bructerer und Engern auf dem Ostsaume des Kreises Hamm[1]). Die von Wasser und Graben umgürteten Kleinplätze haben die Forschung bisher nicht mehr angesprochen, wie gewisse Bodeneinschnitte von ungewöhnlicher Tiefe.

* * *

Umgekehrt gingen die altheimischen Wallburgen, ob zutreffend oder falsch aufgefasst, den römischen Befestigungen in der Beobachtung Jahrhunderte lang voran. Diese Burgen und die grandiosen Steindenkmäler[2]) überragten im gebieterischen Ausdrucke fast sämmtliche monumentale Altwerke und widerstanden eher als diese dem Vergange und der Beseitigung. Die Forschung bemächtigte sich daher beider fast gleichzeitig mit den Römerspuren und ihre Strö-

---

[1]) Vgl. über den Grenzwall der Angrivarier H. Hartmann Z. N. S. 1869, S. 353.

[2]) Von Steinsetzungen kommt eine auf die westliche Nähe von Meimberg; zwei andere südlich von Beckum begriffen nach Rauber (I, 297) eine Fläche von 30 m, beziehungsweise von 27 m Länge. — Dem stonehenge von Salisbury vergleichbar, doch vielleicht der Architravstücke ledig muss jener Steinkreis der Bauerschaft Goxel in westlicher Nähe von Coesfeld gewesen sein, auf welchen folgende alte Notiz geht: „Dort findet man einen länglichen Zirkel von wenigstens 200 Schritt Durchmesser .... durch mehrere hundert Centner schwere Steine so abgemarkt, dass die jetzige Poststrasse (nach Gescher) durch diesen Zirkel führt und ein Kornkamp des ... Steenkampschen Erbes in demselben eingeschlossen liegt. Offenbar ist dies ein wichtiger Platz des A-ms." Gewiss: der Kreis mochte stellenweise im Gebüsch versunken, durch Beraubung und Verfall in der Peripherie zerrissen den meisten Forschern nicht leicht auffallen — sein hohes A-m bezeugt er schon dadurch, dass er jenem Hofe, Steenkamp, den Namen vermacht hat. — Grossartige Sachsenbefestigungen ziehen sich um Kleinenberg an der Karlschanze.

mung gewann als echt volks- und landesthümliche bald ein breites Bett, um nebenbei prähistorische Aufwürfe, Grabmäler, Opfersteine[1]), Urnenplätze und -Hügel, sowie allerhand Begleitfunde zu umschlingen. Sie bildete auf die Dauer unstreitig den Grundstock der westfälischen Anthropologie. An den Wallburgen fesselten der gewaltige Umfang und die wuchtigen, fast regellos hingegossenen Glieder — an den Steindenkmälern reizte die Alterthumsfreunde die ungeheuren Baublöcke, das Machtvolle und Einsame der Anlage, die Bodenfunde, die Gesellschaft von Grabhügeln und Urnen, der Schleier von spukhaften Sagen. Beide Denkmälergruppen erregten daher auch um ihrer selbst willen gar bald die Wissbegier eines hohen Herrn, des Paderborner Fürstbischofs Salentin von Isenburg (1574—1577), der zugleich Churfürst von Köln war. Salentin, ein eigenartiger und anziehender Charakter[2]), welcher auch seine Domschulen zum (Salentinischen) Gymnasium erhob, unternahm eine für seine Zeit erklärbare, immerhin jedoch seltene Reise — nämlich

---

[1]) Die Opferstätten und Heiligthümer (delubra) dienten den altdeutschen und sächsischen Vorfahren als Niederlagen von Münzen, Kostbarkeiten und Schätzen aller Art. Als Karl d. Gr. 772 die Irmensäule (ipsum fanum) zerstörte, aurum et argentum, quod ibi reperit, abstulit (Mon. Germ. Histor. I, 150). Der h. Ludger fand nach 775 in Frieslands „delubris" ... magnum thesaurum (ib. II, 408) und selbst die Liutizen ehrten den reichen Tempel zu Rethra nach dem Kriege mit den schuldigen Gaben. (Thietmar. Merseburg. Chronicon VI, 18.) Und wenn schon Armin seine beste Beute den Göttern darbrachte (Tacitus, Annales I, 59), so bezeichnet der Hildesheimer Silberfund ebenso klar eine Götterstätte, wie in Westfalen jene bei Emsbüren um 1700 ausgepflügte Urne voll von Römermünzen (Nünningh II, 3, 7) und jene Steinblöcke zu Lengerich und in der Davert bei Münster, welche dort Schmucksachen und eine Unmasse Römergeld aus zwei Zeiträumen (96—211, 307—363, Hahn, Der F-d von Lengerich, 1854), hier 12 frameae (Corr-Bl. d. Ges-V-s. III, 14) verdeckt haben. Wie viele solcher Schätze mögen im Laufe der Jahrhunderte oder durch den Vergang ringsher versprengt sein! Noch später haben Friesen und Niedersachsen ihre Vers-lg-splätze, Zufluchten und Gotteshäuser mit Siegestrophäen und Reise-Erwerbungen reichlich beschenkt. G. Allmers, Marschenbuch, 1858, S. 118 u. Bethmann in Westermann's Monatsh-n, 1861, X, 454, 558.

[2]) Vgl. Lossen: Allgemeine deutsche Biographie 30, 224.

zu den merkwürdigsten Plätzen des Paderborner Landes: darunter fielen ihm auf den südwestlichen Höhen der Residenz die kolossalen Wallburgen und Hünengräber bei Wevelsburg, Brenken und Borchen besonders ins Auge: zwei Tholen bei Borchen wurden abgegraben und darin jedes Mal eine von gewaltigen Felsblöcken umschlossene und versteckte Grabkammer mit Todtengebeinen blossgelegt. Der Rechtsgelehrte und Alterthumsfreund Heinrich Harius, den der Fürst zum Conrector des Gymnasiums bestellt hatte, erklärte die beiden megalithischen Werke für private Familien-Gräber — dagegen eine ihnen unferne Hünenburg, die er übrigens umsichtig beschreibt[1]), für ein Lager Karl's d. Gr. oder der Römer[2]). Kurzum Salentin von Paderborn erscheint als der erste Mäcen alterthümlicher Forschungen und sein Conrector Harius als der erste Gelehrte, welcher vorgeschichtliche Dinge Westfalens als solche beschrieben und gedeutet hat.

Gut ein Menschenalter später bewies ein Nachfolger Salentins in der Churwürde, Ferdinand von Baiern, als Fürstbischof von Münster Herr jener niederen Lande mit den riesigen Hünenbetten, diesen eine absonderliche Zuneigung und vorab dem mächtigen von Sagen umwehten Surbold's Grabe auf dem Hümmling; auf sein Geheiss machte 1613 der Münsterische Domküster Johan v. Velen von dem Monumente und dessen Befunde ziemlich eingehende Aufzeichnungen und verlud aus einem Nachbarstücke „Potten und Düppen", „von Allem Etwas" in einem Fässchen nach Köln an den Churfürsten, „dass die historici und antiquarii darauf zu speculieren haben mögen[3])." Man hört, antiqua-

---

[1]) Vgl. meinen Holz- u. Steinbau W-ns, S. 243, Taf. II, 2, u. Hölzermann, Lokal-Untersuchungen 1878, Taf. XL.

[2]) G. J. Bessen, G. des Bisthums Paderborn (1820) II. 73—75.

[3]) Der Domküster berichtet noch Folgendes über die Gesinnung der Umwohner gegenüber den A-mern: „Wie heimlich Ichs auch angefangen und alles in meinem nahmen, so ist gleichwoll meine arbeidt nicht allein erschollen, sondern von allen umbliggenden Ortten und viellen meille wegs her ein solcher zulauff geworden, das ich glaub, schir halb

rische Dinge schwirrten schon in den gelehrten Kreisen umher, leider erfährt man Nichts über den Sitz und die Namen der „antiquarii".

Genug, auch der Arzt und Geograph Dr. Joh. Gigas aus Lügde bemerkt in seinem dem Erzbischofe Ferdinand zugeeigneten Prodromus Geographicus[1] . . . (Coloniae) 1620 schon bezüglich des Hümmling: Hic et in vicinis locis plurima sunt antiquitatis monumenta ex congestis inusitate magnitudinis lapidibus[2]). Mit dem westfälischen Bisthum ging auch Ferdinand's antiquarisches Streben über auf Christoph Bernard von Galen (1650—1678), der wenigstens auf dem Hümmling nach Alterthümern graben liess; kurzum dem bereits genannten Holländer Picardt, der nicht so vernünftig über die Berghöhlen der deutschen Zauberinnen und die Gräber der Römer wie über altdeutsche Bauweise, Todtenhügel und Urnen urtheilt, sind (S. 23) in Westfalen an „Steinhaufen" ausser dem Hümmlinger noch bekannt jene in den Grafschaften Bentheim (Uelsen) und Tecklenburg, zu Emsbüren und Salzbergen als — Giganten-Arbeiten und -Denkmäler und, sofern seine Untersuchung reicht, frei von Buchstaben und fremden Zeichen. Die nordische Alterthumskunde leiht schon ihre Hülfsmittel dem Joh. Just. Winkelmann[3]) (Oldenburg) nicht so sehr, wenn

---

Friessland dah gewest sei. Ein jeder will ein stücke von den grossen steinen zur urkundt mit sich nehmen; werden die steine noch wohl mit der Zeit halb weg tragen. Ess haben die schelke den ankommenden auch grobe zeitung an die Handt gethan und mit geben; dahero wunderbarliche dicentes fallen werden. Ist bereidts kurtzweilig anzuhören die seltzame discours, so die Leutte under sich desswegen anfangen." H. Veltmann; M-gen O. XIII, 242 ff.

[1]) Auf der zugehörigen oder doch gleichzeitigen Karte ist das Hügelland zwischen Liesborn, Diestedte und Stromberg schon beschrieben: circa hos saltus perysse videtur Q. Varus cum tribus legionibus.

[2]) Die diesseitigen Bemühungen um die heimischen A-mer gehen den gleichartigen in Deutschland voran oder doch zur Seite. Vgl. B. Fr. Hummel, Bibliothek der deutschen A-mer. Nürnberg, 1787. S. 338, 341 u. Pescheck a. O. 1853, p. 133.

[3]) Notitia historico-politica veteris Saxo-Westphaliae. Oldenburgi 1667 p. 321 ff. lib. II. c 2, 9—12.

er unter den Alterthümern Haus- und Burgenbau, als wenn er die Grabhügel und die den „Kämpfern" erbauten Steindenkmäler bei Delmenhorst und Diepholz, ihren Inhalt an Urnen und Waffen behandelt. — N. Schaten[1]) (Paderborn) hält die Steinwerke für Heldengräber und zudem für vorchristliche Heiligthümer, wie er auch anlässlich der Schriftquellen und anderer Ueberlieferungen die heimische Urzeit und verschiedene Züge derselben in ein der Folge sehr willkommenes Licht setzt[2]).

1664—76 wurden vom Meppener Probste G. v. Brabeck die Ausgrabungen fortgesetzt, und längst nachdem seine Notizen über die „Steine" des Hümmling und der Heiden, einen grossen Deckel- und Aschenkrug und die „Widekindsburg" zu Bockeloh bei Chr. Fr. Paullini[3]) zum Abdrucke gekommen[4]), kümmerte sich wieder Z. Goeze (1726) um einzelne Steindenkmäler bei Osnabrück[5]). Die mit den Landwehren vermerkten Rundhügel stiessen dem G. A. Rumpius[6]) (Tecklenburg) noch als Begräbnisse vornehmer Römer und Deutsche oder der von Heinrich I. erschlagenen Hunnen (!) auf.

Einen höheren, nicht immer kritischen Standpunkt, nahm im 18. Jahrhunderte Herm. Ad. Meinders[7]) (Halle i. W.). Gestützt auf eine umfassende Literatur verfolgt er

---

[1]) Historia Westfaliae (1690), Ed² p. 327, 328.
[2]) Allgemeine und für damals höchst feste Anhaltspunkte gaben bereits Ph. Cluver, Germania antiqua (1616, 1631) u. H. Conring, De antiquissimo statu Helmstadii 1665 cf. J. G. Eccardus, Brevis ad historiam Germ. introductio c. IV.
[3]) Dissertationes historicae variorum monasteriorum ... interpretes. Gissae-Hassorum 1694, p. 38.
[4]) B. Hune, Gymnasial-Programm Meppen 1879, S. 19. Veltmann, M-gen O. XIII, 254.
[5]) Vgl. T. S., Hammsches Wochenblatt 1824, S. 161, J. H. Müller, Z. N. S. 1867, S. 302. Näheres unten S. 25, Nte. 4.
[6]) Des h. Römischen Reichs uhralte hochlöbl. Grafschaft Tecklenburg. Bremen 1672, S. 2.
[7]) Tractatus de statu religionis et reipublicae sub Car. M. Lemg. 1711, p. 64, 104 u. 161.

namentlich an der Hand der karolingischen Schriften die darin aufleuchtenden Gebräuche seiner Heimath in die Urzeit zurück und damit allerhand anthropologische Spuren; indess er die heidnischen Heiligthümer, Tempel, Bilder, zumal die Irmensäule, selbst die Furchengürtel (sulci circa villas) der Höfe ausführlich bespricht, weist er allgemein hin auf die Urnenhügel der Grafschaft Ravensberg und die Steindenkmäler des Landes; jene möchte er vorzugsweise als Heldengräber, diese als Opferaltäre ausgeben.

Gut, in der Zeit ellenlanger Büchertitel, schlechter lateinischer und noch schlechterer deutscher Dichtungen, um die Mitte des 17. Jahrhunderts, steuerte Westfalen das Seinige zum Aufschwunge der deutschen Historiographie und legte bereits die Fundamente, worauf A. G. Schlichthaber[1]), v. Steinen, Möser, Jung, Kindlinger u. A. ihre Triumphe in der Landesgeschichte erringen sollten. Wenn der Domdechant B. v. Mallincrodt (Münster † 1664; seine Strebensgenossen waren Dr. Rottendorf u. R. Torck) in Verbindung mit dem gelehrten Holland epochemachend die schwierigsten Materien der Culturgeschichte bewältigte[2]), so drangen der Bischof Ferdinand von Fürstenberg (1661 bis 1683 Paderborn) und seine Mitarbeiter unter dem Eindruck der geschichtlichen Leistungen Frankreichs auf Urkunden und lautere Quellen; und nachdem einzelne Mitarbeiter bereits — damals fast unerhört — sogar Bau- und Kunstdenkmäler des Mittelalters der Zeichnung und Beschreibung gewürdigt hatten[3]), ersteht auch den vorgeschichtlichen Alterthümern des Landes ein begeisterter Herold in dem Canonicus Jod. Herm. Nünning.

Ihm gaben Steindenkmäler, Grabhügel und Kleinfunde, welche in den Heiden seines Geburtsortes (Schüttorf) und

---

[1]) Vgl. dessen äusserst seltene: Mindensche Kircheng. B. 1—5, Minden 1752(?)—1755, theils auf Kosten des Autors, theils bei J. A. Enax.

[2]) Vgl. Fr. M. Driver, Bibliotheca Monasteriensis 1799, p. 103. Meine Denkwürdigkeiten aus dem Münster. Humanismus, 1874, S. 27 f., 65, 135.

[3]) Bessen a. O. II, 402 und meine Notiz über Grothaus u. P. Polycarpus capucinus: Westd. Z. 1889. VIII, 225.

Wohnsitzes (Vreden) lagen, Stoff und Anregung genug, auf gleichartige Alterthümer im Westen (Heiden) und Norden (Vechta, Steinfeld) Westfalens und in Friesland zu fahnden, eine reichhaltige, doch nicht auf Westfalen beschränkte Sammlung von prähistorischen Gegenständen zusammenzubringen und mit der Landesgeschichte auch gründlichere Studien der Anthropologie zu betreiben. Leider erschien davon nur eine Probe[1]) reich mit Kupfern ausgestattet 1713[2]) und im folgenden Jahre schon zum zweiten Male (zu Frankfurt) verbunden mit dem Ossilegium historico-physicum des Dr. med. Joh. Herm. Cohausen, seines Freundes und Studiengenossen.

Eingedenk der zu Paris gesehenen Schätze des Childerichs-Grabes[3]), fussend auf einschlägige Schriftquellen, wie auf eigene Funde und Beobachtungen erklärte N. die Wallburgen bei Vreden und Horstmar[4]) noch für Hunnenlager, die Hünenbetten blos für Grabmäler, deren jedes nur einen Todten berge[5]), errichtet von Hunnen, Friesen und meistens von Landesinsassen; die Urnen sind ihm theils römische, theils westfälische Fabricate (bis Karl d. Gr.), die Steinhaue nach Zweck und Alter noch halbwegs Räthsel — auch Römerfunde kommen in Rede, theils missdeutet theils richtig erkannt[6]). N. mag den römischen Einfluss überschätzen, die Deutungen allgemein halten, — wie er überall die bestehenden und überlieferten Anschauungen prüft, das Märchenhafte verwirft und für die Darstellung den Boden der Beweismittel sucht, erntete sein Buch in jener angeregten Zeit weithin Beifall; nicht blos in der Heimath diente es

---

[1]) Das Sepulcretum Mimigardico-Westfalico-Gentile, Coesfeldiae 1713.

[2]) Also noch ein Jahr vor der gerühmten Dissertatio historica de urnis sepulchralibus et armis lapideis veterum Cattorum. Resp. Joh. Oesterlingius. Marburgi 1714. Verfasser ist Joh. Herm. Schminke nach Strieders Hessisch. Gelehrten-G. XIII, 131.

[3]) Sepulcretum I. 6 § 6.

[4]) Wahrscheinlich die sächsische „Oldenburg". Vgl. Fr. Darpe, Z. W. 40 I, 101.

[5]) Dass. II. 4 § 7; II. 1. § 2.

[6]) Vgl. oben S. 4, Note 4.

langehin als Handweiser bei Bodenfunden, sondern auch ausserhalb als Stütze und Baustein antiquarischer Arbeiten: so dem Joh. G. Keysler, Antiquitates selectae septentrionales et celticae, Hannoverae 1720, ebenso dem J. A. Fabricius (1720) bei Rhode: Cimbrisch-Holsteinische Antiquiteten-Remarques, Hamburg, seit 1718. Der hochverdiente Joh. G. Eckardt: De origine Germanorum 1750 (Taf. V) brachte vier[1]) Streitbeile aus Stein oder Bronze nach Nünning's Vorarbeit. Keysler sind die nordischen Steindenkmäler überhaupt Anlagen der Sachsen und der altdeutschen Stämme — die nach Picardt erwähnten Höhlen Westfalens lediglich heidnische Cultstätten.

Mit anderweitigen Altwerken kommen „Landwehren" im landesüblichen Wortsinne schon vor bei Rumpius[2]) (1672), und Winkelmann (S. 245), als geschichtliche Belege bei J. D. v. Steinen[3]) (Frömmern); C. Lodtmann[4]) (Osnabrück) durchmusterte ausser den Römermünzen allerlei vaterländische Alterthümer und besonders die Steindenkmäler von einer literarischen Höhe, womit nur zu bald ein Fallen der Alterthumskunde wechselte. Doch gleich in der Frühzeit unseres Jahrhunderts waren es neben den Kleinwerken nochmals die kolossalen Erbstücke der Vorzeit, woran sie sich wieder erquickt[5]) hat. Diese Erbstücke sind seitdem mit Begleitfunden immer weiter aufgedeckt, durchforscht, in Wort und Bild veröffentlicht — so namentlich in den Hannoverschen Landestheilen vom Grafen Münster[6]) (Lange-

---

[1]) Nach Rauber a. O. II 26 sogar 17. — Joh. A. Strubberg, Kurzer Entwurf einer ausführlichen Osnabrückischen Historie, Jena 1720, S. 22, unterscheidet die Osnabrückischen Urnen in offenbare, die man unter Hünensteinen oder in Heidenkirchhöfen, und in verborgene, welche man in kleinen Hügeln oder in der Ebene (zufällig) antreffe; jene kämen vermuthlich von vornehmen Herren her, diese von armen Bauern.

[2]) Oben S. 11.

[3]) Versuch einer W-schen G. besonders der Grafschaft Mark 1749.

[4]) Monumenta Osnabrugensia 1753.

[5]) Seit 1803 (vgl. W-sche Beiträge 1803 über den Karlstein im Hon, citirt von Hune a. O. S. 15); und seit 1804 durch Treukamp.

[6]) Seit 1807, dessen Sammlung und Fundnotizen kamen der Urg. des ganzen Landes zu Gute. J. H. Müller, Z. N. S. 1867, S. 299 ff.

lage), Müller (Hannover) und (letzthin) Hartmann (Lintorf). Die Bestimmungs- und Entstehungszeit zu ergründen, gab jüngst der unumgängliche Abbruch oder vielmehr die Versetzung eines Steindenkmales bei Lastrup äusserst willkommene Einzelheiten[1]).

* * *

Mochte die Forschung der monumentalen Denkmäler dann erschlaffen, dann kühner aushohlen, — der Faden der Urgeschichte wurde seit den Tagen Hamelman's und des Churfürsten Ferdinand getragen und angehalten von den urthümlichen Kleinwerken- und Funden, als Aschenkrügen, Waffen, Geräthen, Schmucksachen (Münzen); bequemer zu sammeln und zu behandeln tauchen sie aller Orten auf, dann allein, dann in Gesellschaft von Alterthümern, begreifen die meisten Bestandtheile und Arten und die an Stoff, Form und Bildung schätzbarsten Stücke[2]); ihre gleichsam stilistischen Unterschiede gewähren ausserdem allerhand Anhaltspunkte zur Lösung einer anthropologischen Hauptaufgabe —

[1]) Mehr als 70 wohl auch vergypster oder bunter Urnen, Holzkohlen und Asche, 2 Donnerkeile von Feuerstein, 2 durchlöcherte Steinzierden, ein Serpentinplättchen und 2 in den Oeffnungen mit Gyps verstopfter Pfeifchen aus getriebener Bronze. Ueberhaupt bemerkte Dr. Wulf in den verschiedenen Steinwerken eine Steigerung der Bautechnik wie an ihren Urnen eine fortgeschrittene Keramik. „Sie sind fast alle bunt und recht fein." — Weit früher waren aus den Driehauser Steindenkmälern goldene u. kupferne Römer- (Kaiser-) Münzen hervorgezogen. M-gen O. XIII, 260.

[2]) Zu den merkwürdigsten und seltensten zählen ausser den gelegentlich benannten Einzel- und Sammelfunden (S. 4, N. 4, 5, S. 8, N. 1) ein Goldgefäss zu Burgsteinfurt (1840), Goldbrakteaten von Landegge einst bei Hahn in Hannover (Z. N. S. 1860, S. 396) der majestätische steinerne Götzenkopf von Hattingen im Rheinischen Museum (Pick's Monatsschr. IV. 296), der Dolch mit Email von Rösenbeck im Germanischen Museum zu Nürnberg (O. Tischler, Corr.-Bl. f. Anth XVII, 131), ein Heft aus Gussbronze von Bockraden schwarz u. weiss emaillirt und an den Enden verziert (Hardebeck, M-gen d. V-ns des Hasegaues 1887, S. 7), die Münsterländische Urne mit Strichornament, Buckeln und einem einpunktirten S zu Berlin (bei v. Ledebur a. O. S. 164, Taf. V, 793), ein $14^1/_2$ cm. langer und 5 cm. breiter Kamm aus einem Metatarsus-Bein von Thiering westl. von Münster.

nämlich das Scheiden der Denkmäler nach Zeiten und Völkern. — 1820 suchte[1]) Tappe die Linie der Hermansschlacht wesentlich nach leitenden Funden und 1822 machte Clostermeier in seiner Gegenschrift nicht nur verschiedene Mittheilungen über Urnen, Grabhügel, Wallburgen, Landwehren u. A., sondern er äussert auch schon Gedanken über die Zeitstellung dieser Erbtheile —, dennoch[2]) beurtheilte der geschichtskundige Erhard (Münster) noch 1836 den ersten Beckumer Grabfund mit dürftiger Literatur und bescheidenem Vergleichsmaterial — und weder Nieserts (Velen) allseitig gestützte Entgegnung, noch Wächter's (Hannover) Statistik für Hannover (1841), sondern erst der zweite Beckumer Fund und die Gesammtfunde von Pyrmont und Werne (1860 bis 1865) leiteten für weitere urgeschichtliche Erörterungen eine Zukunft ein, deren Fruchtbarkeit sich bald mit den Damm- und Höhlenforschungen steigerte. Daher lassen auch die Kleinwerke anderweitige Denkmälergruppen an Literatur weit zurück, zumal da die bezüglichen Beschreibungen (und Abbildungen) häufig unter dem Titel von monumentalen Werken in Anschlag kommen.

* * *

Auch die Höhlen rückten als landschaftliche Seltenheiten, als alte Cultstätten oder romantische Verliesse zeitig in die Literatur[3]) ein — was sie für die anthropologische

---

[1]) Schon 1817 erschien F. H. von der Hagen's Irmin, seine Säule, seine Strasse u. sein Wagen (Breslau), bis dahin unstreitig die gediegenste Schrift über das sächsische Bilderwesen nach Schriftquellen.

[2]) Dorow (Hofmann), Die Kunst, Alterthümer aufzugraben u. das Gefundene zu reinigen und zu erhalten, (Hamm 1823) zeugte noch mehr von Liebhaberei als Sachkenntniss. — Unser gelehrter Landsmann L. v. Ledebur a. O. S. 162 bedauerte (1836) „dass im Vergleich zu anderen Gegenden hier so wenig zur Förderung der im Schoosse der Erde ruhenden materiellen Ueberreste einer heidnischen Vorzeit geschehen ist."

[3]) Vorher S. 10, 14. W. G. L. v. Donop, Histor.-Geogr. Beschreibung der fürstl. Lippischen Lande, A² 1790, S. 132. F. T-l u. W. S-s, Beiträge zu einer Stein- und Höhlenreise in W-n: Hammsches Wochenbl. 1824, S. 159, 169, 171.

Forschung und die Ethnographie bargen und verhiessen, kam erst in den letzten Jahrzehnten und nun auch ausgiebig in Frage, nachdem sie anderwärts schon (1829 Belgien) die beredtesten und, sofern ihre Schichtung nicht gestört war, chronologisch die denkwürdigsten Urkunden der grauen Vorzeit geliefert hatten. Erst in den sechsziger Jahren erschlossen sich die dunklen Wohnungen im Hönnethale[1]), und bald schritt die Höhlenkunde, zumal da H. Schaaffhausen (Bonn) auch ihr seine anthropologischen Studien im Süderlande rastlos zuwandte, in den Gebirgen rüstig voran bis zur jüngsten Ausbeute der Warsteiner Funde.

* * *

Während die nationalen Trachten und ihre Reste im einsamen Ladbergen, an der Ems (Bentheim, Hümmling) und Weser, die Rund- und Wetzmarken[2]) an Kirchen und Häusern, die Knüppeldämme und Plankenwehren, die Bereitung des Schinkens und Honigs, die Entenfänge, die Holzschuh-, Korb- und Wannemacherei bisher nur seltener in den literarischen Gesichtskreis fielen, sind das Bier (Koith) und Schwarzbrod (Pumpernickel), das Wollaken als Hausfabrikat, die Torfbereitung[3]), die Figur der Gemein-, Wechsel- und Privatgründe, die Besiedelung in Dörfern und Höfen, die aus Holz, Erde und Stein gebildeten Kleingehege (Wallhecken) der Höfe, Wege und Sondergründe, sowie die wirthschaftlichen Geräthe eher oder später, kürzer oder ausführlicher besprochen und zum Theil auch verbildlicht.

---

[1]) Wo indess Schatzgräber und Naturforscher bereits in den dreissiger und sechsziger Jahren auf einzelne Artefacte gestossen waren (C. Fuhlrott, die Höhlen u. Grotten in Rheinl. u. W-n, 1869, S. 92, 96), so namentlich bei seinen petrographischen Untersuchungen Dr. W. von der Marck (Hamm).

[2]) An den Kirchen zu Brilon u. Greffen. Mein: Kreis Warendorf S. 165; zu Münster am Hause Nr. 1 des Roggenmarkts und an der Dominikanerkirche.

[3]) Schon von den Chauken geübt nach Plinius, Historia naturalis XVI, § 4. — (Selten ist Z. Goeze's Schrift: De . . . Bompernickel . . . Osnab. 1725.)

Da uns nicht die alten Zustände, sondern nur die darin behüteten und überlieferten Handarbeiten angehen, wenden wir uns ohne Umschweife dem Hause als dem Mittelpunkte des Hofes und der Hofesgebäude zu. Abgesehen von den Erdwohnungen und gewissen Pfahlsetzungen, welche seltsam genug nicht den Moorgegenden, sondern den üppigeren Fluren zukommen[1]), gedieh seit mehreren Jahrzehnten dem altsächsischen Hause, seiner Entwickelung aus der viereckigen Dachhütte[2]) (Schafskoven), seiner langsamen Ausreifung zur heutigen Gestalt und Einrichtung, seiner nächsten Umgebung von Hofesgebäuden, Nutz- und Ziergründen[3]) eine verhältnissmässig reichhaltige Literatur an. Leider muss das alte Bauernhaus, welches allerdings mit seiner ausgeprägten und imposanten Gestalt heute den wirthschaftlichen Forderungen ungelenk gegenübersteht, den Allerweltseinrichtungen immer mehr erliegen und im Norden unter friesischen Zuthaten verbastardieren[4]).

* * *

---

[1]) Bei Soest schon 1827 entdeckt und veröffentlicht von Lentze, Verh. Berl. Ges. 1881, S. 78; vor etwa 20 Jahren „die vom Oberamtmann Gropp entdeckten und immer mehr blossgelegten Pfahlbauten (der Urzeit) im Thale der grossen Liese" auf der Grenze der Kirchspiele Beckum und Diestedte bei H. Böttger, Hermann der Cheruskerfürst 1874 S. 87 Nte 91.

[2]) Indem das Dach aufgeständert und das Innere für die verschiedene Nutzung zerlegt u. abgeschlagen wurde (zuerst ausgesprochen von J. G. Kohl, Nordwestdeutsche Skizzen 1864 I, 243, 244, II, 240, 241. Mein: Haus, Hof u. s. w. S. 9, 31), wie ja noch heute unter den altsächsischen Haustypen Pommerns solche vorkommen, deren „Deele" ohne Fächer und Ställe von Langwand zu Langwand reicht. A. G. Meyer, Verh. Berl. Ges. 1889, S. 614, Fig. 1. Die Hausurne bei Tewes, Uns. Vorzeit, Fig. 66, welcher die rundlichen Umrisse wahrscheinlich von der Urnentechnik ankleben, veranschaulicht die Anfänge der (niedrigen) Aufständerung und das alte (hohe) Dach.

[3]) Das Bild des Hofes und die Beschreibung des Hauses schon bei P. F. Weddigen, Beschreibung der Grafschaft Ravensberg 1790, S. 51, mit Zeichnung und Kupfertafel.

[4]) Zeitsch. Grenzboten 1889, — die künstlerische Befähigung der Sachsen, ihre Anwendung südlicher Kunstformen, ihre Culträume (casulae,

Die Ergebnisse der anthropologischen Forschung nach Oertlichkeiten und Funden wiederzuspiegeln und zugleich in beiden die Lücken oder vielmehr die weiteren Ziele der Forschung anzugeben, dazu dient bekanntlich vor Allem eine prähistorische Karte, zumal wenn ihr eine allgemeine Uebersicht der einschlägigen Literatur zur Seite geht. Daher empfahl schon 1835 Lieutenant Becker auf einer Versammlung des Alterthums-Vereins (Münster) die Anfertigung einer antiquarischen, bis aufs Mittelalter ausgedehnten Karte, wobei die Le Coq'schen Aufnahmen zu Grunde zu legen seien[1]). Allein für die Provinz und die Urgeschichte wurde ein derartiges Unternehmen erst gegen 1873 auf Anregung der deutschen anthropologischen Gesellschaft von Essellen (Hamm), der sonst vorab den Römerspuren nachging, in Angriff genommen, indem derselbe die übermittelten Blätter mit einem Fundverzeichnisse ausfüllte[2]). 1888 wurde eine Karte von H. Schaaffhausen, der unablässig an ihrer Vervollständigung arbeitet, auf dem Anthropologen-Congresse zu Bonn vorgelegt[3]). Von sonstigen Karten betreffen jene von Schneider, Hölzermann, Oppermann und Fricke entweder nur besondere Landstriche[4]) oder bestimmte Denkmälergruppen[5]); die Fundkarten von F. v. Alten (1888) und Niemann (1889) enthalten die Gegenstände des Oldenburgischen Münsterlandes; Waldeck geht, wenn ich nicht irre, noch leer aus.

* * *

delubra) und Fortschritte im Steinbaue — darüber liegen speciel kaum mehr als Andeutungen vor. Vgl. G. Waitz, Verfassungs-G. III, 115 und mein Corvei . . . I im Repertorium f. Kunstwissenschaft XI, 147, 148.

[1]) Vgl. Jahrbb. des V-ns f. G. A-K. 1836. Nr. 2, S. 81.

[2]) Ber. der Anth-gen-Vers-lg zu Wiesbaden 1873, S. 22.

[3]) Vgl. dessen Vortrag: Bonner Jahrbb. 87, 164.

[4]) Auch die ungedruckte, 1885 dem Paderborner V-ne präsentirte Karte über den Forstbezirk Bödeken vom Ober-Förster Hüffer. Z. W. (1886) 44 II, 187.

[5]) Die erste dieser Art bringt die Steindenkmäler um Wildeshausen 1828: W-sche Provinz-Bll. I, H. 2. — E. Rave zu Nieheim hat Wege, Erdwehren, tumuli u. castra an verschiedenen von ihm untersuchten Punkten aufgenommen.

Die Sand- und Moorgegenden überwiegen an Denkmälern wie an Literatur und Karten weitaus den Süden und die gesegneten Landstriche. Das Süderland rühmt sich der Höhlenfunde, der Norden bis zur Landesmitte[1]) fast aller Steindenkmäler, der Norden, Westen, das Lippische Land und die Umgegend von Paderborn[2]) vorzugsweise der römischen Kleinfunde. Wallburgen, „Landwehren" eignen anscheinend allen Gebieten gleichmässig — und das ganze Land enthält eine Fülle anthropologischer Denkmäler im Urbestande, in Sammlungen und Schriften. Darunter überraschen die Römerfunde und die Ueberreste der sächsisch-fränkischen Zeit an Zahl und Mannigfaltigkeit. Und welche Schätze und Denkmäler harren wohl noch der Hebung oder der Entdeckung, welche Schaar von Aufgaben in und mit der Urgeschichte der Lösung! Unbestritten verzeichnet die anthropologische Forschung Westfalens ein frühzeitiges Erwachen, zahlreiche Sammlungen, eine dem Denkmälerbestande angemessene, weitschichtige Literatur an Fundnotizen, Bildwerken, Beschreibungen und Darstellungen — Dank den opferbereiten Liebhabern, Sammlern und Forschern, den gelehrten Vereinen und den Behörden dreier Jahrhunderte und besonders der letzten Jahrzehnte.

* * *

War durch geraume Zeiten das Aufspüren, Sammeln und Verzeichnen der Denkmäler fleissiger und glücklicher betrieben, als das Deuten und Erklären — und Alles Sache von Liebhabern und gelehrten Alterthumsfreunden, so eröffneten in unserem Jahrhunderte die Triumphe der Freiheitskriege[3]) überall eine stolze Perspective auf die ganze deutsche Vorzeit, auch auf ihre unscheinbaren Ueberreste;

---

[1]) Den südöstlichsten Punkt behauptete ein Hünenbett zu Talle bei Paderborn.
[2]) Dolbrück und Soest. Nach den neuesten Feststellungen der Herren Ahlemeyer und Dr. C. Mertens.
[3]) Vgl. die Belege bei Köcher: Z. N. S. 1885, S. 60, Nr. 3.

bald wetteiferten Gelehrte, Vereine, Fürsten, Staaten und (seit 1820) Behörden[1]), das Alterthum zu schützen und der wissenschaftlichen Ausbeutung gleichsam zu behändigen. Nächst der allgemeinen Gesellschaft für ältere deutsche Geschichte (1819) traten nach und nach Landes- und Ortsvereine zusammen, welche auch die Urgeschichte in ihren Bereich zogen, mochten sonst ihre Aufgaben nach örtlichem und sachlichem Begriffe weit auseinandergehen; denn die Urgeschichte entleiht und spendet ja mehr als einer Disciplin Beiträge und Belehrung. Die ersten waren historischen Charakters, und darunter leuchtet an Alter hervor der Verein für Geschichte und Alterthumskunde Westfalens mit den Abtheilungen Paderborn und Münster, gegründet 1824—25, als vierter oder fünfter unter seinesgleichen in Deutschland[2]); es folgten die „Westfälische Gesellschaft für vaterländische Cultur" zu Minden, seit 1827 mit einer besonderen „Section für Geschichte und Alterthumskunde"[3]), 1835 auch für den

---

[1]) Die Steindenkmäler waren Jahrhunderte lang auf (Metall-) Werthsachen geplündert, als Bau- und Bildstoff verbraucht, dann — 1754 schon stellenweise als Landesübel beklagt — auf den Flüssen (die Fracht zu 20 g. Gr.) verschleppt, in der Franzosenzeit zu Chaussee-Pflaster zerkleinert und überhaupt unter den wirthschaftlichen Neuerungen beseitigt, da trat um 1822 die Oldenburgische Regierung und 1825 die Amtsbehörde zu Meppen durch Ankauf der Denkmäler, Bepflanzen ihrer Stätten oder durch Belehrung der Eigenthümer für die Erhaltung der beträchtlichen Reste ein; wie Frankreich schon 1819 8/4, sorgten die Preussischen Behörden seit 1820 4/1, (1821 18/12, 1823 15/12, 1830 28/1, 1834 11/1) zunächst für den Schutz, die Bergung und literarische Werthschätzung der römischen und altdeutschen Alterthümer, um dadurch „die Liebe zum vaterländischen Boden zu mehren." Später (1839) bezog man sich wegen Erhaltung der Steindenkmäler besonders auf das Ministerial-Rescript von 1823 und verflochten sich die bezüglichen Bemühungen der Regierungen mit jenen der Vereine. (J. H. Müller, Z. N. S. 1864, S. 300. Wigand's A-v II, 175. Pick's Monats-Sch. IV, 295, zugleich nothwendige Ergänzungen zu v. Wussow, Erhaltung der Denkmäler in den Kulturstaaten der Gegenwart 1885.)

[2]) Klüpfel in Schmidt's Z. f. G-swissenschaft (1844) I, 521. H. Rump, Z. W. (1872) XXX, 337. J. Pieler daselbst XXXII: Anhang über J. S. Seibertz S. 8.

[3]) W-sche Provinzial-Bll. 1828, I, II, 7 ff. — Der Localverein Arnsberg datirt von 1839. Stoehr's V-ns-Handb. 1873, S. 54.

Hannoverschen Landestheil der historische Verein für Niedersachsen[1]) (Hannover), 1847 der Verein für Geschichte und Landeskunde zu Osnabrück[2]), und seitdem noch mehrere Landes- und Lokalvereine, welche entweder die Geschichte, die Naturwissenschaften oder die Heimathskunde überhaupt pflegen. Von diesen hat der älteste seinen Sitz in Bonn: der naturhistorische Verein der Preussischen Rheinlande und Westfalens, gestiftet 1843 und seit 1872 auch bemüht um die Anthropologie. Von gelehrten Verbindungen und Zeitschriften, welche ausschliesslich unserer Wissenschaft gewidmet sind, wird unten noch die Rede sein. Lassen wir die Ausstellungen, welche man gemeinhin an den Vereinen macht, das Versinken in die Örtlichkeit, die Haltung gegenüber dem allgemeinen Wissensfortschritt, das Überschätzen historischer und prähistorischer Raritäten und Anderes[3]) hier getrost auf sich beruhen — sicher haben die Vereine mit ihren Zeitschriften und Versammlungen die Ortsgeschichte wesentlich gefördert und der wissenschaftlichen Arbeit durch Sammeln von Büchern, Geschichtsquellen und Denkmälern nachhaltig genützt.

Die ergiebigste Forschungs-Periode der Urgeschichte hub vor etwa dreissig Jahren an: unter zahlreichen und merkwürdigen Funden und Entdeckungen erstarkten ihre Zweige, oder dehnten sich, wie in den Römerwerken, aus, oder es setzten neue an, wie die Höhlenkunde. Damit steigerten sich die gelehrten Arbeiten an Zahl und Gründlichkeit, die Theilnahme der Gelehrten und Laien an urgeschichtlichen Dingen und die Schätzung der Denkmäler; wurden letzere vorher mehr zufällig bekannt, die Münzen und Metallsachen des Stoffwerthes, die Steinbeile als Uhrgewichte oder

---

[1]) Köcher a. O. 1885, S. 62, 75.
[2]) M-gen O. 1848 I p. V.
[3]) Vgl. G. Waitz, Falsche Richtungen, in Sybels Histor. Z. (1859) I, 20, G. Haag, die Territorialg. u. ihre Berechtigung, Gotha 1882; dagegen G. Bossert, die histor. V-ne vor dem Tribunal der Wissenschaft. Heilbronn, 1883.

Geheimmittel[1]), andere Kleinwerke als Curiositäten oder Spielzeuge aufgehoben, die Denkmäler in Unmassen zerschlagen, verworfen und verzettelt, so brach nun auch in Laienkreisen die Anschauung durch, dass ein schlichtes Fundstück und Alterthum vor dem Untergange zu bewahren und in kundiger Hand oder in einer Sammlung der Welt von Nutzen sein möchte. Zu den zufälligen Funden gesellen sich planmässige, indem entweder die Untersuchung bestimmter Punkte oder Landschaften auf den Plan gebracht, oder bei Erd- und Wegeanlagen und Bodenumwälzungen[2]) die etwaigen Fundstücke dem Schutze empfohlen oder zuständigen Stellen überwiesen werden. Die erste Obsorge ist: das Aufsuchen des Denkmals oder Gesammtfundes, das Aufheben und einfache Verzeichnen nach Maass, Fundort und Begleitfunden, die zweite: das Beschreiben und Vorführen in Wort und Bild oder die historische Ausbeute.

In den dreissig Jahren mehrten sich die Vereine um einen Landes- (Oldenburg) und einen Provinzial-Verein[3]) (Münster), um fast sämmtliche Local- und Heimathsvereine und um specielle Gesellschaften und Gruppen provinziellen oder allgemeinen Forschungszieles — und damit entweder die urgeschichtlichen Bestrebungen oder auch die Sammlungen; neben den deutschen Museen zu Mainz und Nürnberg (1852—53) erhob sich das Museum für Völkerkunde zu Berlin. Solchen Anklang fand die Geschichte und Urgeschichte in allen Kreisen. Wie emsig Gelehrte und Fachmänner

---

[1]) H. Hartmann, Azg. K. V. 1863, S. 127.

[2]) Allerdings ist bei Bahnanlagen auffallend wenig herausgekommen oder offenkundig geworden.

[3]) Innerhalb desselben legte dessen umfassenden Aufgaben gemäss seit 1875 die Commission zur Erforschung der Kunst- u. G-s-D-m-ler W-ns in der Verzeichnung, Erklärung und Publication von vornherein dasselbe Gewicht auf die prähistorischen wie auf die historischen Erbstücke (vgl. ihr Programm im vierten J-berichte des Prov.-V-ns pro 1875. Münster 1876, S. 28 ff.), und demgemäss brachte in ihren Beschreibungen der Kreise Hamm (1880) und Warendorf (1886) jedesmal Theil I die „vorchristlichen D-m-ler" in Wort und Bild mit einer zur Zeit erreichbaren örtlichen und sachlichen Vollständigkeit.

— 24 —

Zeit und Umstände ausnutzten, zeigt allein schon der erstaunliche Anwachs von Schriften und besonders der Detailforschungen. Und wenn vordem für die Klärung der Urzustände, der örtlichen oder landschaftlichen Vergangenheit durchschnittlich die Schriftquellen genügten, so reden heute mehr und mehr die Funde und Denkmäler ihr gewichtiges Wort mit.

Wie einst ganze Gruppen von Fundstücken und Alterthümern verschollen, so theilte sich die Kunde der erhaltenen selten weiteren Kreisen mit, und selbst die Publicationen, zumal jene in Zeitschriften und Zeitungen, drangen nur vereinzelt von einem Landesviertel ins andere, wie es die Zerrissenheit des Landes von Alters her und der Mangel gemeinsamer Organe mit sich brachte. Abhülfe versprachen schon seit 1852—53[1]) der Gesammtverein der Deutschen Geschichts- und Alterthumsvereine und das Germanische Museum (Nürnberg) je mit einer archäologischen oder antiquarischen Section und mit periodischen Zeitschriften für ganz Deutschland. Allein zu ihrer Kunde und zur allgemeinern Verbreitung gelangten, wie die Geschicke der Schriften und Bücher einmal sind, letztere aus den Landschaften nur zum Theile und der Inhalt der Zeitschriften höchstens durch die Ueberschrift. Diesem Übelstande begegneten seit 1878 die Jahresberichte der Geschichtswissenschaft (Berlin) und, sofern die örtlichen Zeitschriften historische waren, neue historische Organe — die „Westdeutsche Zeitschrift" (Trier) gab 1882 Aufschluss über den Inhalt der Abhandlungen[2]), zudem über die Unternehmungen und Erwerbungen der Museen und Sammlungen — sehr wirksam für unser Forschungsgebiet; ja seit 1869 umfasste die deutsche anthropologische Gesellschaft mit ihren Abhandlungen, Fundberichten[3]) und Literaturangaben in ihren Organen und

---

[1]) Von unerheblicher Wirkung waren die frühern, zum Theile von Westfalen (Lemgo 1831—32) ausgegangenen Gemeinorgane. Vgl. Brockhaus' Allg. deutsche Real-Encyklopädie A[13] IX, 270.

[2]) Ebenso wie das historische Jahrbuch (der Görres-Ges.) vgl. II, 638.

[3]) W-n berührte mit ihren Schriften seit 1871 auch die Berl. Ges. f. Anth. Ethnologie u. Urg.

auf ihren Wander-Versammlungen, einmal auch mit ihrer Ausstellung (Berlin 1880), das ganze deutsche Fundgebiet und nahm sich auch wiederholt der urgeschichtlichen Bedürfnisse unseres[1]) Landes an[2]). Nehmen wir hinzu, was Bücher, populäre Blätter und Zeitungen überallhin bis in die entlegensten Winkel verkündeten, so gewinnen wir einen ungefähren Begriff davon, wie die Einzel- und Landesforschungen weiterwehten, als Gemeingut aneinanderschlossen, und das Gesammtresultat der allseitigen Bestrebungen den kleinen Bezirken zufloss und ihrer Vereinsamung steuerte. Zu dem Gesammtresultate aber trugen ausser den Landesforschungen auch die Kunde der Naturvölker von sonst und jetzt, die bezügliche Wissenschaft aller Culturländer und verschiedene Wissenszweige bei. Die Anthropologie steht als **Wissenschaft selbständig**[3]) da, klar in ihren Zielen und Mitteln[4]).

* * *

Die S a'm m l u n g e n Westfalens verdienen ein besonderes Capitel. Wie die wissenschaftliche Arbeit an sich Sache des Einzelnen war und bleibt, so wurden auch von Privaten seit zwei Jahrhunderten Sammlungen angelegt; die letzteren bargen manches sonst bedrohte Schätzlein, stellten für einen

---

[1]) Vorher S. 19. Verh. d. Anth-gen-Vers-lg zu Wiesbaden 1873, S. 22, Bonner Jahrbb. 58, 224 und bezüglich Waldecks v. Wussow, S. 19.

[2]) Seit 1877 wirkt die „westfälische Gruppe" derselben (Münster) im ganzen Umfange der Provinz. Corr.-Bl. f. Anth. 1878, S. 17.

[3]) Vgl. R. Virchow, Verh. der Anth-gen-Vers-lg zu Berlin 1880, S. 6 ff.

[4]) Wie dürftig erscheint unter den Lehrbüchern das S. 16 N. 2. bezeichnete gegen folgende: v. Sacken, Leitfaden z. K. des heidnischen A-ms, Wien 1865, Fr. Tewes, Unsere Vorzeit. Mit 140 Abb. Hannover 1888, Voss' Merkbuch, A-mer aufzugraben u. aufzubewahren, Berlin 1888. — Die zu S. 11 N. 5 nachträglich eingesehene Schrift: Z. Goeze, De duobus nobilissimis agri Osnabrug. monumentis sepulchral. Honensi et Krödescensi Hoin und Krödeschken Stein . . . Osnabrugi 1726 mit Holzschnitten hält über mehrere Osnabrücker Monumente unter Abbildung von Urnen und einem Steinkeile Ueberschau, um die beiden Titelstücke gegen Nünning als Gigantenwerk oder sonstwie zu deuten.

gewissen Umkreis wohl auch ein Fundbild dar, und die meisten ergänzten schliesslich das eine oder andere, nicht immer zuständige Museum.

Städte, Institute und Vereine haben in der Regel ein gedehnteres Fundgebiet, erschliessen leichter ihre Schätze dem Studium und behüten sie auf die Dauer vor Zerstreuung und Entführung nach auswärts. Vermöge ihrer Vertrauensstellung bei den Behörden und der Bevölkerung und vermöge ihrer regelmässig fliessenden Geldmittel sind die Institute und zumal die Vereine in der Lage, zeitgemäss bestimmte Absichten sowohl auf die Auswahl der Sammelstücke wie der Örtlichkeit zu verfolgen — kurzum nicht bloss gelegentlich, sondern auch nach einer Idee vorzugehen.

Von westfälischen Privat-Sammlungen sind die des Hofpredigers Althof (im J. 1796)[1]) zu Detmold, des Pfarrers Niesert zu Velen[2]), des Apothekers Fabro zu Lippstadt entweder öffentlich verkauft oder sonstwie zersplittert, jene des Hofmedicus Mickel zu Neuenhaus von einem Brande dahingerafft, mehrere in andere Sammlungen übergegangen; die noch bestehenden bringt folgendes Verzeichniss.

Regierungsbezirk Münster.

Burgsteinfurt, Schloss des Fürsten von Bentheim-Steinfurt: *ein Goldgefäss und fast ein Dutzend Urnen*[3]).

Dorsten, Verein für Orts- und Heimathkunde im Veste Recklinghausen und Umgegend (seit 1888)[4]): *Ausgrabungen der Umgegend.*

Münster[5]), Alterthums-Verein[6]): *reichhaltig, darunter Er-*

---

[1]) Veltmann, Römermünzen S. 85.

[2]) 64 Nrn. german. u. römischer Stücke. Vgl. Anhang z. Kat. der N'schen Bibliothek. Borken 1843, S. 168.

[3]) Z. N. S. 1865, S. 408. Kat. Berl. Aust. S. 595; die hier Supplem. p. LIX angeführte S-lg zu Bentheim existirt nicht.

[4]) Vgl. dessen Jahrbuch über ... 1888/89. Münster. Azg. 1890, Nr. 66 s. v. Dorsten.

[5]) Bei Herrn Kaufmann Müssen merkwürdige Steinwaffen vom White-River, Staat Indiana.

[6]) Vgl. den Erlass des Ober-Präsidenten über die Eröffnung d. d.

werbungen aus der *Zurmühlen'schen Auction*, *Ueberweisungen aus dem Museum*[1]) *zu Bonn, aus der Sammlung der „westf. Gesellschaft für vaterländische Cultur"* *zu Minden*[2]), *die Gesammtfunde von Beckum*[3]) *und Werne, sowie Niederlagen der* Westfälischen Gruppe (Münster) der deutschen anthropologischen Gesellschaft und zwar: *die von dieser erworbene Sammlung Murdfield aus Rheine*[4]) *und zahlreiche Steinwaffen;* der Zoologischen Section des Westf. Prov.-Vereins: *Auserlesene Funde der Nachbarschaft mit den Sammlungen Kremer*[5]) *(Balve) und Gilbert*[6]) *(Telgte)*.

Baurath Borggreve: *Urnen und einige kostbare Bronzen*[7]) *von der mittleren Lippe*.

v. zur Mühlen (Haus Ruer): *die vormalige Sammlung Nünning*[8]) *aus Westfalen und vom Niederrhein mit Nachlesen reichhaltig, darin mehrere Bronzen und grosse Urnen.*

Osterwick bei Darfeld, Dr. med. Schwering: *einige Bronzen.*[9])

Rheine, Justizrath Weddige[10]): *einige Steinsachen, elf Urnen (eine Gesichtsurne) und darin gefundene Kupfergeräthe.*

Vreden, Kaplan Tenhagen: *schlichte Urnen mit Beiwerk und ein Dutzend Steinwaffen aus der Umgegend.*

Cassel, (Museum Frid.) Ober-Finanzrath Carvachi († 1869):

Juli 1825 in Wigands A-v f. G. u. A-K (1826) 1, II, 134 und Kat. Berl. Aust. S. 598. — Näheres b. II. Erhard: Jahrbh. f. G. u. A-K 1838, S. 112 f.

[1]) Verfügt schon 1822 (Ledebur S. 163, erledigt 1827,) Erhard S. 116.

[2]) Zumal die Bronze-Kuppe von Halle mit dem eingekratzten Bilde des „obotritischen Nemisa". (N. Meyer, W-sche Prov.-Bll. 3. I, 171) und seit 1870 die römischen Münzen. Z. W. 30, 365.

[3]) Z. W. XXIV, 395. XXV, 397.

[4]) Vgl. Kat. Berl. Aust. p. LXXXVIII.

[5]) Vgl. Kat. Berl. Aust. S. 594.

[6]) Vgl. Landois J-ber. d. W-schen Prov.-V-ns 1885/86, S. 17.

[7]) Corr.-Bl. d. nat. V-s 1871, S. 101. Einiges abgebildet in meinem Kreise Hamm, S. 13, 14.

[8]) S. 13. Kat. Berl. Aust. (Schluss-) Verzeichniss, p. 78.

[9]) Ueber Fundgebiet und den vormaligen Bestand vgl. Nünning-Hüsing S. 47, 48.

[10]) Kat. Berl. Aust. p LXXVIII.

mannigfaltige Ausgrabungen aus den Heiden des Münster- und Emslandes[1]).

Regierungsbezirk Arnsberg.

Haus Alme bei **Brilon**, Graf von Bocholtz: *21 Steinhämmer, darunter sehr hübsche Exemplare, eines von 34 cm. Länge.*

Altena, Verein für Orts- und Heimathkunde im Süderlande (seit 1875): *Steinbeile und Bronze-Gegenstände*[2]).

Bochum, Städtisches Gymnasium: *sammelt seit 1888.*

Dortmund[3]), Städtisches Museum: *Allerhand Urnen (paläolithische u. neolithische), Steinwaffen, Bronzen, sowie römische Ueberreste aus der Umgegend und den Kreisen Ahaus und Coesfeld.*

Dr. Brose: *Mancherlei Urnen, Steinwaffen, Bronzezierden aus der Umgegend und den Kreisen Diepholz, Osnabrück und anderen Gebieten.*

Geseke, Sanitätsrath Dr. Schupmann: *Einige Steinsachen und zumal aus dortigen Reihengräbern gebrannte und ungebrannte Töpfchen.*

Hamm, Dr. W. von der Marck: *örtliche Funde*[4]), *darunter Bronze- und Eisenwaffen.*

Hellinghausen, Pfarrer Fleige: *goldene Römermünze und einige Steinbeile.*

Soest, Verein für Geschichte der Stadt S. und der Börde (seit 1881)[5]): *einige Graburnen der Umgegend.*

Justizrath Lentze: *altes Bronzestück, formschöne Urne und Topfreste.*

---

[1]) v. Ledebur, Corr.-Bl. des Gs-V-ns III, 13. E. Rassmann, Allgem. Deutsche Biographie IV, 39.

[2]) Dessen Jahrb. Herausgeg. von C. Mummenthey. Hagen (1882) I 85, 87, 94 — (von A. Künne) 1890 S. 21.

[3]) Der histor. V-n f. Dortmund u. die Grafschaft Mark besteht seit 1872. Vgl. Beiträge zur G. Dortmunds u. der Grafschaft Mark I, 1.

[4]) Vgl. meinen Kreis Hamm 1880 S. 13, 15.

[5]) Vgl. Vogeler in dessen Z. V-nsjahr 1882/83 S. 192. — Über A-mer zu Völlingbausen vgl. Fr. Hülsenbeck, Paderborner Gymn.-Programm 1878 S. 28.

Warstein, Stadt-Museum: *dortige Höhlenfunde.*
Witten, Märkisches Museum, gefördert vom Verein für Orts- und Heimathkunde in der Grafschaft Mark (seit 1886)[1]: *eine Anzahl Steinsachen, darunter zwei Steinbeile und ein Bronze-Celt.*

Bückeburg, Frhr. v. Dücker (Bergrath a. D.): *in den Hauptbestandtheilen zusammengelesen aus dem Süderlande*[2]).

Regierungsbezirk Minden.

Bielefeld, Historischer Verein für die Grafschaft Ravensberg seit 1876: *fleissige Ortssammlung*[3]).
Herford, Museum neu eingerichtet.
Nieheim, Apotheker Edm. Rave: *mancherlei Gegenstände aus verschiedenen Perioden und Gegenden.*
Paderborn, Alterthums-Verein: *sammelt seit 1881.*
Stadler: *Bronzewaffen von Steinhorst (Delbrück).*
Wehdem, Auctionator Grupen: *verschiedene Steingeräthe, 20 Steinbeile bis zu 18 cm. Länge, ein Bronzebeil von 3,5 cm. Breite aus einem Fundgebiet mit Erdwehren, Knüppelwegen und intakten Hünenbetten.*
Salzkotten, Sekretär C. v. Sobbe: *Verschiedene Stücke, darunter eine römische Silbermünze und Fibula.*

Siegen: *Sammlung des verstorbenen Rentners D'Oench, gebildet aus Funden der Vlothoer Umgegend*[4]).

Regierungsbezirk Osnabrück.

Barenau, Erblanddrost von Bar: *seit Jahrhunderten gesammelte Römermünzen*[5]).

---
[1]) Vgl. dessen Jahrb. 1886/87 I.
[2]) Verzeichniss im Kat. Berl. Aust. S. 260.
[3]) Katalog derselben in dessen J-ber. Bielefeld 1880 III, 27.
[4]) Vgl. S. niederrh. Ges. 1872 S. 116 — 1875 S. 28. Ber. d. Anthr. Vers-lg. Berlin 1880 S. 130. Corr.-Bl. nat. V-s 1886 S. 56.
[5]) Oben S. 4 Zangemeister a. O. VI, 339, Veltmann a. O. S. 17 u. folg. S. Note 5.

Clemenswerth bei Meppen, Herzog von Aremberg: *werthvoll und reichhaltig an Thon-, Stein- und Metallwerken.*

Emsbüren, Dr. med. Conrads: *drei Steinäxte aus verschiedenem Material, ein Feuersteinmeissel und viele verzierte und unverzierte Urnenreste.*

Engden bei Emsbüren, Pfarrer Steffens: *Urnen, mehrere Steinwaffen, allerhand Geräthe, Lanzen- und Pfeilspitzen aus Feuerstein und eine römische Kaisermünze (Trajan).*

Hannover, Provinzial-Museum: *darin als Grundstock die Sammlung des niedersächsischen Gesch.-Vereins, des Grafen Münster (seit 1853), des Amtmanns Hinüber von Ankum und andere Schätze aus Westfalen*[1]*).*

Lintorf, Sanitätsrath Dr. H. Hartmann: *mit den besseren Sammelstücken des Dr. med. Fritz Brosin zu Wehdem reichhaltig und ausgestattet mit verschiedenen Seltenheiten u. römischen Bronzegeräthen*[2]*).*

Meppen, Königliches Gymnasium[3]).

Neuenhaus, Amtsgerichtsrath Sudendorf: *einige Steinbeile und Urnen.*

Osnabrück, Museums-Verein (seit 1879)[4]): *reichhaltig zumal mit den Sammlungen des Rathsgymnasiums*[5]*), des Dr. med. Hartmann sen.*[6]*) (aus der Ankumer Gegend) und mit den Niederlagen von Dr. C. Berlage (aus der Salzberger Umgebung)*[7]*); Unterstützung gewähren der Osnabrücker Gesch-s-*

---

[1]) Vorher S. 14. Z. N. S. 1867, S. 299, — 1869, S. 377, — 1885, S. 62, 75. Kat. Berl. Aust. S. 158.

[2]) Pick's Monats-Schr. VII, 169. Verzeichniss in d. Verh. Berl. Ges. 1881, S. 61.

[3]) Kat. Berl. Aust. (Schluss-) Verzeichniss p. LIX.

[4]) Veltmann, Römermünzen S. 77 mit einem Münzverzeichnisse.

[5]) Urnen, Steinbeile und Römermünzen, unter diesen einstige Besitzthümer des Pastors Lodtmann zu Freeren (Mommsen a. O. S. 36) und (aus dem Meppenschen) des Herrn von Bar. J. Fortlage, Progr. des Osnabr. Raths-Gymnasiums, Ostern 1828, S. 13.

[6]) Vgl. Azg. K. V. 1863, S. 127.

[7]) Verzeichniss im Kat. Berl. Aust. S. 184. Nachtrag S. LIX (hier ist irrig eine S-lg des Gymnasium (Carolinum) genannt).

Verein sowie seit 1885/86 der Verein f. Geschichte ... des Hasegaues[1]) *(Ankum).*

Talge bei Bersenbrück, G. Trimpe: *gut besetzt mit örtlichen Funden.*

Hildesheim, Obergerichtsrath Frye: *Meppener Fundstücke*[2]).

Grossherzogthum Oldenburg (Münsterland).

Lastrup, Pfarrer Dr. Wulf: *im Anwachse begriffen.*
Oldenburg, Alterthümer-Sammlung[3]) des Grossherzoglichen Museums, gefördert seit 1875 vom Oldenb. Landesvereine für Alterthumskunde[4]): *reichhaltig.*

Fürstenthum Lippe:

Detmold: *die vorchristlichen Werke*[5]) *im naturhistorischen Museum, die kleine Münzsammlung des Schlosses und seit 1869 die römischen Münzen in der Landesbibliothek*[6]).
Langenholzhausen, Oberförster Wagener.

Fürstenthum Waldeck.

Arolsen, Fürstliche Hofbibliothek[7]): *Löffel, Fibulae (153 Nrn.) und andere Kleinwerke von Pyrmont*[8]).

Berlin, Museum für Völkerkunde: *Prähistorische Abtheilung*

---

[1]) Vgl. dessen M-gen 1887 I, 4, 5.
[2]) Kat. Berl. Aust. Nachtrag S. LX. Z. N. S. 1860, S. 396, — 1863 S. 382, Kat. d. German. Museums in Nürnberg 1887, S. 5.
[3]) Vgl. Dr. Niemann, M-gen O. XII, 409.
[4]) Verzeichniss im Kat. Berl. Aust. S. 803.
[5]) Verzeichniss im Kat. Berl. Aust. S. 258.
[6]) Veltmann, Römermünzen, S. 85. R. Springer, Kunst-Handb. 1883, S. 78.
[7]) Kat. Berl. Aust. S. 593. Springer, S. 38.
[8]) Arolsen: Fürstliches Schloss (histor. Saal): die Waldecensia des 1864 gegründeten histor. Vereins für Waldeck u. Lippe (Corbach) Stoehr's V-ns-Handbuch, S. 114.

mit zahlreichen Streufunden und den Sammlungen Korf[1]) und Essellen[2]) (Hamm 1878).

Bonn: *Museum des naturhistor. Vereins mit Erwerbungen von Balve und anderen Punkten des Süderlandes*[3]).

Geh. Rath Dr. Schaaffhausen: *Sammlungen von Schmerlecke, Uelde und aus den Höhlen*[4]).

Nürnberg, Germanisches Museum: *Urnen und Scherben aus den Nordstrichen (Meppen), Schaftcelt von Wildeshausen, schöne Steinäxte von Meschede und Warendorf*[5]), *kostbarer Email-Dolch aus Rösenbeck*[6]).

Bremen und Hildesheim: *In den städtischen Museen Einzelheiten von Wildeshausen und aus dem Osnabrückischen*[7]).

Anzuschliessen sind noch einige Privatbesitzthümer und zumal mehrere Kostbarkeiten, die wir gelegentlich schon an auswärtigen[8]) Lagerstätten nachwiesen.

---

[1]) Näheres bei v. Ledebur a. O. S. VI u. 162, wo die Bronzen irrig hierherzählen. Zur G. der Königl. Museen in Berlin 1880, S. 159.
[2]) Vgl. meinen Kreis Hamm, S. 13, 15, 21, 34, 58.
[3]) Kat. Berl. Aust. S. 502.
[4]) Kat. Berl. Aust. S. 503—506.
[5]) Kat. der im germ. Museum befindl. vorg-lichen A-mer. Nürnberg 1887, Nr. 5255—5265, 5178—5186, 6062, 4563, 4604.
[6]) O. Tischler, A-v f. Anth. 17, 131.
[7]) Kat. Berl. Aust. S. 137. Nachtrag S. 13.
[8]) S. 4, N. 4, 5, S. 15, N. 2.

Literatur.

Handschriften, schlichte Fundnotizen, Katalogsverzeichnisse, abgeleitete Angaben, Doubletten und Compendien sind nur ausnahmsweise aufgenommen — ebenso jene Schriften, welche die Denkmäler nebensächlich berühren oder letztere ausschliesslich mit literarischen Mitteln behandeln †). Behufs Einordnung der Literatur in die Fächer gab bei den Schriften gemischten Inhalts das Überwiegen der einen oder andern Denkmälergattung, bei ihnen wie bei den Specialarbeiten der thatsächliche, nicht stets der vom Autor bezeichnete Charakter der Gegenstände oder des Werkes den Ausschlag. Die Schriften folgen einander innerhalb der Fächer chronologisch, stellenweise auch nach dem verwandten Inhalte.

Allerlei Denkmäler. *

J. K. Wächter, Statistik der im Königreich Hannover vorhandenen D-m-ler*. Hannover 1841. S. 102.

Des Jod. Herm. Nünning... W-sch-Münsterländische Heidengräber*... übers. von E. Hüsing... Coesfeld 1855 (mit Fundnotizen des Übersetzers).

J. G. Kohl, Nordwestdeutsche Skizzen. Fahrten zu Wasser u. zu Lande in den untern Gegenden der Weser, Elbe und Ems. Th. II. Bremen 1864.

J. H. Müller (Münster), Vorchristl. A-mer im Lande Hannover: Z. N. S. 1867 S. 299.

H. Hartmann, Ankum. Einige Skizzen über A-mer: M-gen O. 1870 IX, 280.

H. Genthe, A-mer aus Waldeck u. Pyrmont: J-ber. über das fürstl. Waldeck. Landesgymnasium zu Corbach 1876/77. Mengeringhausen 1877.

L. Hölzermann, Lokaluntersuchungen, die Kriege der Römer u. Franken sowie die Befestigungsmanieren der Germanen, Sachsen u. des spätern Mittelalters betreffend. Mit 2 Karten und 51 lithographirten Zeichnungen. Münster 1878. (Vgl. jedoch die Recensionen von J. Schneider: Bonner Jahrbb. 62, 130—164, 186, u. Giefers Z. W. 36, 214.)

---

†) z. Beisp. H. Meibom's Irmensula Saxonica 1612 u. a.
* Bedeutet Abbildung oder Karte.

B. Hune, Über vorg-liche A-mer. J-ber. über das Gymnasium zu Meppen, 1879.
J. B. Nordhoff, Die Kunst- u. Geschichts-D-m-ler der Prov. W-n. St. I: Kreis Hamm 1880 (D-m-ler der vorchristl. Zeit S. 1—23), St. II: Kreis Warendorf 1886 (ebenso S. 1—23).
W. Hardebeck, Übersicht u. Beschreibung der früh- und vorg-lichen Erd- u. Steind-m-ler, Leichenfelder, Urnenfriedhöfe, Landwehren, Ringwälle und Ansiedlungsplätze im Kreise Bersenbrück: M-gen des V-s f. G. u. A-K des Hasegaues* 1887. H. I.
(A. Tellen), über A-mer bei Laer (Herringhaus): W-scher Merkur 1887 Nr. 294 s. s. *†*Anholt.
F. Jostes u. W. Effmann, Vorchristl. A-mer im Gau Süderberge*: Z. W. 1888, 46 I, 45.
F. v. Alten, Die Bohlwege im Flussgebiete der Ems u. Weser* A². Oldenburg 1888 (mit antiquarischer Karte).
Fr. Tewes, Unsere Vorzeit. Ein Beitrag zur Urg. u. A-K Niedersachsens*. Mit 140 Abbildungen. Hannover 1888.
C. F. Niemann, Das Oldenburg. Münsterland*. Oldenburg u. Leipzig (1889).

Vorzugsweise römische Anlagen, Alterthümer und Kunstwerke.
Vgl. oben S. 3 ff.

K. H. Nieberding, Die Hunnenbrücke von Vechta: Münster. Gemeinnütziges Wochenbl. 1809 Nr. 79.
H. A. Flensberg, Die Römerschanze, ein antiquarisches D-m-l: Z. Eos 1810 Nr. 51. 52.
K. H. Nieberding, Neu (1816) entdeckte alte Heerwege durch das Moor bei Lohne: Oldenburgische Bll. 1817 u. 1822 St. 43.
H. A. Flensberg, Germanicus Feldzug im Lande der Brukterer u. Cäcinas lange Brücken . . . : Z. Hermann 1819 Beil. zu Nr. 40, 42. (Vgl. Ledebur, Brukterer 1827 S. 22. Diepenbrock, Meppen, S. 81.)
K. H. Nieberding, Neu aufgefundene, wahrscheinlich von den Römern angelegte Blockwege durch das Diepholzer Torfmoor: Münster. Gemeinnütziges Wochenbl. 1819 Nr. 14.
Derselbe u. H. Schultz, A-mer (Blockwege bei Lohne), W-scher Azg. Hamm 1819 S. 254, 349.
Über die wahre Ortsbestimmung der Hermannsschlacht. Zwei neue Untersuchungen von . . . Hammerstein und

...Hohenhausen. Herausg. vom Geh. Hofrath Eichstädt. Altenburg 1821.
Fr. v. Wrede, Sind die pontes longi der Römer bei Lohne zu suchen?: Oldenburgische Bll. 1822 Nr. 41.
Petersen, Der Kirchsprengel Weitmar oder die Gegend, wo Hermann den Varus schlug. Essen 1823.
C. v. W. (Müffling), Die Römerstrassen am rechten Ufer des Niederrheins vom Winterlager Vetera ausgehend, zur Veste Aliso, über die pontes longi zu den Marsen und zu der niederen Weser*. Berlin, Posen u. Bromberg 1834.
G-liches u. A-mer (Flamsche u. Reken): Wochenbl. der Kreise Coesfeld, Borken, Ahaus 1838, Nr. 23 S. 152.
Fr. Hahn, Der Fund von Lengerich im Königreiche Hannover. Goldschmuck u. römische Münzen*. Hannover 1854.
M. F. Essellen, Das römische Castell Aliso, der Teutoburger Wald und die pontes longi* ... Mit vier Karten und einem Anhange: Über die alten Steind-m-ler. die sogen. Hünenbetten in W-n und den angrenzenden Provinzen. Hannover 1857.
D. E. Schmidt, Zusammenstellung derjenigen Tagebuchs-Notizen u. s. w., welche der Königl. Preuss. Oberstlieutenant ... F. W. Schmidt über seine in den Jahren 1839 ... 41 in W-n ausgeführten Localuntersuchungen und ... antiq. histor. Forschungen aufgezeichnet hat: Z. W. 1859 XX, 259.
M. F. Essellen, Das römische Castell Aliso: Corr.-Bl. d. G. V-ns 1860 S. 69. — Derselbe, Ausgrabungen auf der Hohenburg: Das. 1860 S. 89. — Derselbe, Ergebniss der Ausgrabungen bei Beckum: Das. 1860 S. 95, 75.
Derselbe, Zur G. der Kriege zwischen den Römern u. Deutschen*. Mit Abbildungen gefundener Antiquitäten ... Hamm 1862.
C. L. Grotefend, Der Münzfund zu Lindloh (bei Meppen): Z. N. S. 1863 S. 382.
v. Olfers u. K. Meyer, Über den Pyrmonter F-d.: Archaeol. Azg. zur arch. Zeitung 1864 S. 246, 249.
R. Ludwig, Der F-d von Pyrmont: Bonner Jahrbb. 1865 38, 47.
Aus'm Werth, Römische Gewandnadeln* (Pyrmont), Bonner Jahrbb. 1869. H. 46, 45.
Olshausen, Zwei Pyrmonter Gewandnadeln*: Verh. Berl. Ges. 1884 S. 512. — 1885 S. 119.

M. F. Essellen, Die Bumannsburg: Bonner Jahrbb. 1866, 39, 371.
v. Quast, Die Bumannsburg ...: Corr.-Bl. d. G. V-ns 1866 XIV, 46.
A. Fahne, Die Landwehr oder der limes imperii romani am Niederrhein: Z. d. Berg. G.'s V-ns 1867 IV, 1, 13.
C. F. Wiberg, Einfluss der klassischen Völker auf den Norden ... Aus dem Schwedischen von J. Mestorf 1867 S. 107, 49.
M. F. Essellen, G. der Sigambern*... Mit zwei Steindrucktafeln und einem Anhange: Die Leichenfelder im Kreise Beckum betreffend. 1868. — Derselbe, Anhang zur G. der Sigambern ... 1871.
Heereman von Zuydtwyck, Der Zug des Varus. Paderborn 1868 S. 5.
J. Schneider, Neue Beiträge zur alten G. u. Geographie der Rheinlande. 1868 F. II: Kreis Rees — 1871 F. III: Kreis Duisburg — 1873 F. IV: Kreis Essen* — 1874 F. V: Heerstrassen und Schanzen* — 1876 F. VIII: Heerstrassen u. Schanzen — 1878 F. XI: Militärstrassen an der Lippe und das Castell Aliso*.
Fr. Hülsenbeck, Die Wohnsitze der german. Marsen: Gymnasial-Programm Paderborn. Paderborn 1871.
H. Schaaffhausen, Über ein (römisches) Steinbeil von Cloppenburg: Bonner Jahrbb. 1871 H. 50/51 S. 293.
Essellen, Röm. A-mer zwischen Mühlheim a/d R. u. Witten: Bonner Jahrbb. 1873. 53, 300.
Fr. Hülsenbeck, Das röm. Castell Aliso a/d L.* Paderborn 1873.
F. v. Alten, F-d bei Nieholt* (u. Boen) unweit Cloppenburg: Corr.-Bl. d. G. V-ns 1875. 23, 18.
Derselbe, Über eine bei Löningen gefundene Knabenstatuette*: Ber. des Oldenburg. Landesv-ns f. A-sk. 1875/76 S. 13.
F. Wieseler, Über dieselbe: Nachrichten der Kön. Ges. d. Wissenschaften zu Göttingen 1886 S. 493.
Hübner, Röm. A-mer im Oldenburgischen*: Bonner Jahrbb. 1876. 57, 66.
Essellen, Das röm. Castell Aliso. Hamm 1878.
Fr. Hülsenbeck, Die Gegend der Varus-Schlacht nach den Quellen u. Localforschungen. Paderborn 1878.
J. Schneider, Über Römerlager im Lippegebiet: Bonner Jahrbb. 1878. 62, 135.

Derselbe, Aliso: Pick's Monats-Sch. 1878 IV, 144 — 1879 V, 439 — 1880 VI, 407.
Derselbe, Grenzwehren — Heerstrassen -- Schanzen: Das. IV, 172.
F. v. Alten, Die Bohlwege (Römerwege) im Herzogthume Oldenburg ... (1873—1879). Mit einer Karte (Römerspuren), vgl. S. 34. Oldenburg 1879.
J. B. Nordhoff, Über röm. Münzfunde bei Soest: Bonner Jahrbb. 1879. 67, 100.
G. A. Schierenberg, Ausgrabungen im Teutoburger Walde: Pick's Monats-Sch. 1879 V, 236.
J. Schneider, Das röm. Lager bei Bochold*: J-ber. d. W-schen Prov.-V-ns 1879 S. 201 u. Pick's Monats-Sch. 1880 VI, 269, 308.
Derselbe, Röm. Heerwege zwischen Lahn u. Ruhr*: Das. 1879 V, 21. Desgleichen zwischen Yssel u. Ruhr: Das. V, 140. Warten u. Grenzwehren an den Heerstrassen*: Das. V, 434. Heerstrassen: Das. V, 513. Antiquar. Miscellen*: Das. VI, 261, 508.
Derselbe, Röm. Militärstrassen in Rheinland, W-n und Hessen-Nassau: Bonner Jahrbb. 1880 68, 1. — Röm. Militärstrassen in Rheinland, W-n u. Hannover: Das. 1880 69, 30.
Derselbe, Der röm. Heer- u. Handelsweg vom Rhein nach der Wesermündung: Pick's Monats-Sch. 1881 VII, 141. — Das Römerlager zu Bockeloh bei Meppen: Das. VII, 333.
H. Hartmann, Grössere F-de von Römermünzen im Landdrosteibezirk Osnabrück: Pick's Monats-Sch. 1880 VI, 512.
K. Christ, Die Lippegegend und Aliso: Pick's Monats-Sch. 1881 VII, 185.
Fr. Hülsenbeck, Zur Aliso-Frage: Das. VII, 564.
C. Mertens, Römerspuren bei Herstelle: Z. W. 1883. 41 II, 204.
J. B. Nordhoff, Ur- und Culturg-liches von der Ober-Ems und Lippe: Z. f. Preuss. G. und Landesk. 1883 XX, 193.
W. von der Marck, Über eine alte Culturstätte an der Nordgrenze der Grafschaft Mark. Z. W. 1885. 43 I, 118.
Menadier, Der numismatische Nachlass der Varianischen Legionen: Z. f. Numismatik 1885 XIII, 89.
Th. Mommsen, Die Örtlichkeit der Varusschlacht*: S-e

der k. Akademie der Wissenschaften zu Berlin 1885
S. 63.

Derselbe, Örtlichkeit der Varusschlacht*. Berlin 1885.

H. Veltmann. F-de von Römermünzen in W-n und Oberschlesien (Replik auf Mommsen's Örtlichkeit der Varusschlacht), 1885, — A² Abdruck aus den M-gen O 1886 XIII.

Bibliotheca Lippiaca. Zusammengestellt von O. Weerth u. E. Anemüller. Detmold 1886 Nr. 242—246 über Römermünzen im Lippischen. †)

G. A. Schierenberg, F-de römischer Hufeisen bei Horn, Detmold*: Verh. Berl. Ges. 1886 S. 317.††)

Fr. Böcker, Damme als mutmasslicher Schauplatz der Varusschlacht*. Köln 1887. Vorwort u. S. 13, 18, 19, 43, 62.

Derselbe, Über einen Bohlweg bei Damme: Corr.-Bl. d. Westdeutschen Z. 1887 VI, 154.

J. Neubourg, Die Örtlichkeit der Varusschlacht mit einem vollständigen Verzeichnisse der im Fürstenth. Lippe gefund. röm. Münzen. Detmold 1887.

v. Veith, Röm. Grenzwall an der Lippe: Bonner Jahrbb. 1887. 84, 1.

R. Wagener, Der Kriegsschauplatz des Jahres 16 n. Chr. im Cheruskerlande: Corr.-Bl. f. Anth. 1887 XVIII, 29.

P. Höfer, Die Varusschlacht, ihr Verlauf und ihr Schauplatz*. Leipzig 1888.

A. Schierenberg, Die Räthsel der Varusschlacht. Frankfurt a/M. 1888.

Strotkötter, Die Römerstrasse auf dem linken Lippeufer von Dorsten bis Marl: Ber. des V-ns f. Orts- u. Heimathk. Sektion Dorsten 1888/89 S. 23.

Fr. Knoke, Die Kriegszüge des Germanicus in Deutschland. Nachtrag*. Berlin 1889.

H. Hartmann (-Philippi), Der Lashorster Münz-F-d: M-gen O 1889 XIV, 382.

F. Philippi, Nachtrag zum Lashorster Münz-F-d: M-gen O 1889 XIV, 420.

---

†) Hierselbst Nr. 247 ff: die allgemeine Literatur über die „Varusschlacht" (bis 1886).

††) Auffallend kleine und sehr geschweifte Hufeisen finden sich häufig im Osnabrückischen (Progr. des Rathsgymnas. zu Osnabrück 1851 S. 33, M-gen O XI, 125) und im Münsterlande.

Vorzugsweise Steindenkmäler, Pfahlsetzungen, urthümliche Erdwerke, Wallburgen, Strassen u. s. w.

Vgl. oben S. 7 *ff.*

Über Steind-m-ler bei Börger: Weddigen's Neues fortges. W-sches Magazin 1799 S. 399.
Über Hünensteine und ihre Nebenfunde: W-sche Beyträge zum Nutzen und Vergnügen. Osnabrück 1803 St. XII 97, 101.
J. Fr. Möller, Ein Beitrag zur ältesten G. der Wege u. Heerstrassen in der Grafschaft Mark (1804): Patriotische Phantasien 1821 I, 126.
Derselbe, Über Hohensyberg ... 1804 S. 20 (Wallburgen der Mark).
Fr. H. Trenkamp, Merkwürdigkeiten aus der Vorzeit (Hünenberge, Urnenhügel u. Hünensteine): Beiträge zum Oldenburger Wochenbl. zur Verbreitung gemeinnütziger Kenntnisse 1804 B. 2. St. 5, 16, 24.
H. A. Flensberg, Über die Hünensteine in den Emsgegenden: Z. Eos 1810 Nr. 23, 26, 27.
Derselbe, Über die Handelsstrassen in W-n: W-scher Azg. 1815 Nr. 16, 17, 20, 22, 26, 27.
H .... r, Bemerkung über die umwallte Bergplatte auf der Oestricher Burg (bei Iserlohn): W-scher Azg. 1819 S. 1675.
T. S., Über den Düvelstehn bei Heiden: Hammsches Wochenbl. 1824 S. 247.
F. T-l u. W. S-s, Beiträge zu einer Stein- u. Höhlenreise durch W-n: Das. 1824 S. 159, 169, 173.
G. Bödiker, A-mer im Kreise Meppen*: Wigand's A-v 1827 2 II, 166.
Deitering, Über die in dem ehemaligen Gogerichtsbezirke von Emsbüren befindlichen Hünensteine, Grabhügel sammt den in und um denselben gefundenen Geräthschaften*: Das. 2 II, 321.
G. W. A. Oldenburg u. J. P. E. Greverus. Die Gegend um Wildeshausen besonders in a-mlicher Hinsicht*: W-sche Provinzial-Bll. 1828 1 II, 68.
F. J. Pieler, Über Wallburgen zwischen Meschede u. Arnsberg: Wigand's A-v 1838 VII, 14.
C. H. Nieberding, G. des ehemaligen Niederstifts Münster 1840 I, 47, 50, 79, 84, 103.
J. S. Seibertz, Die Strassen des Herzogthums Westfalen. Sonst und Jetzt: Z. W. 1842 V, 92.

Grote, Die Hünenburg bei Emsbüren*: M-gen O 1848 I, 261.
L. Curze, Das Fürstenthum Waldeck in antiquarischer Beziehung (Hünenbetten, Ringwälle): Z. W. 1849 XI, 114.
E. W. Heine, Über den Germanismus*: 1850 S. 9, 23, 110.
O. Grote, Der Carlstein (Wittekindstein): M-gen O 1853 III, 305.
Bahlmann, Über einen Erdring mit einem Steine in der Mitte: Corr.-Bl. d. G. V-s 1855 III, 14.
Carvachi, Über Granitblöcke und deren Unterlagen: Corr.-Bl. d. G. V-s 1855 III, 14.
v. Droste-Hülshof, Über eine Umwallung bei Hovestadt und Römerspuren: Corr.-Bl. d. G. V-s 1855 III, 14.
Essellen, Über drei Hünenbetten bei Beckum und Römerspuren: Corr.-Bl. d. G. V-s 1855 III, 14.
J. Sudendorf, Der Süntelstein und der Teigtrog und Backofen: M-gen O 1853 III, 393.
H. Hartmann, Der Teigtrog und Backofen des Teufels und der Süntelstein: Am Urdsbrunnen (Hamburg b. Kramer) 1885/86 B. 3, S. 93.

W. E. Giefers, G. der Wefelsburg. Paderborn 1855.
Derselbe, Burg Jburg u. Stadt Driburg 1860 S. 7, 9.
G. Landau, Die Strassen aus den Niederlanden und vom Niederrhein durch W-n nach Leipzig und Nürnberg: Corr.-Bl. d. G. V-s 1862 X, 47.
II. Hartmann, Hünenbetten, Grabhügel und Ausgrabungen im nördlichen W-n*: Azg. K. V. 1863 S. 121.
L. Bender, Der Jsenberg u. die G. seines Hauses (1863) A² 1864 S. 4, 5.
J. H. Müller, Vorchristliche A-mer u. Steind-m-ler im Landdrosteibezirk Osnabrück: Z. N. S. 1864 S. 263, 1865 S. 407, 1867 S. 299.
A. v. Cohausen, Alte Verschanzungen, Burgen und Stadtbefestigungen in Rheinland und in Preussen: Z. f. Preuss. G. u. Landesk. 1866 III, 613, 680.
R. Virchow, Hünengräber u. Pfahlbauten 1866.
Essellen, Das Steind-m-l bei Wintergalen: Z. W. 1867 XXVII, 372.
J. H. Müller, Steinkammer zu Peheim ... D-m-ler bei Bersenbrück: Z. N. S. 1868 S. 394.
J. B. Greve, Hunnenspuren in W-n: Bll. z. nähern K. W-n's. 1869 VII, 108.
J. H. Müller, Vorchristliche Steind-m-ler*: Westermann's Illustr. Monats-Hh. 1869/70, 27, 469.

Über ein Steingrab zu Uelde bei Lippstadt: Corr.-Bll. d. G.
V-s 1870 S. 96.
Das Gericht Damme . . . die Dersaburg*: M-gen O 1870
IX, 369.
H. Hartmann, Die Schanzen bei Stift Leveren: Z. N. S.
1870 S. 353.
J. H. Müller, Umwallungen und Schanzen: Z. N. S. 1870
S. 345.
J. Pieler, Das Ruhrthal 1871 S. 131 über Wallburgen.
H. Schaaffhausen, über Steind-m-ler in Hannover u. W-n:
Ber. über die Anth-Vers-lg in Schwerin 1871 S. 55.
G. A. Schierenberg, Die Edda, eine Tochter des Teutoburger Waldes: Corr.-Bl. d. G. V-s 1871 XIX, 41. Fortsetzung u. Schluss: Der Teutoburger Wald als Heimath der Nibelungensage: Das. XIX, 50, 58.
C. L. Niemann, G. der alten Grafschaft und des . . . Münster'schen Amtes Kloppenburg 1873 S. 59, 63.
H. Böttger, Hermann der Cheruskerfürst*. Hannover 1874.
H. Hartmann, Das Giersfeld: Kreisbl. f. d. Kreis Bersenbrück 1874, December 23.
J. C. Möller, G. der vormaligen Grafschaft Lingen 1874, S. 34.
Borggreve, Die drei Gräber bei Westerschulte und Wintergalen* . . . (Beckum) Z. W. 1875 XXXIII, 89.
H. Hartmann, Wanderungen durch das Wiehengebirge. Pr.
Oldendorf 1876 S. 15, 61, 72.
C. L. Niemann, Die Burgwälle im Münsterlande: Ber. . . .
des Oldenburger Landesv-ns f. A-K 1877/78 H. II.
G. A. Schierenberg, Brandhügel im Lippischen: Verh.
Berl. Ges. 1877 S. 204.
Derselbe, Über Steinringe bei Detmold: Verh. Berl. Ges.
1877 S. 473.
J. Schneider, Der Horkenstein bei Sinden* (Linden bei Dahlhausen): Pick's Monats-Sch. 1877 III, 414 (C. Mertens das. III, 617).
L. Schücking, Über Steinmäler und Natur des Hümmling:
Westermann's Illustr. Monatshh. 1877/78 S. 18.
W. Grevel, Der Horkenstein bei Dahlhausen: Das. 1878
IV, 109.
Derselbe, Die Denkmäler deutscher Vorzeit im Ruhrthale:
Das. 1878 IV, 300.
H. Hartmann, Die Wittekindsburgen im Hochstift Osnabrück: M-gen O 1878 XI, 214.

B. Hune, Über Pfahlbauten und Steind-m-ler: J-ber. über das Gymnasium zu Meppen 1878†).
H. Böttger, Landwehren u. s. w. (bei Beckum): Z. f. Preuss. G. 1879 S. 677.
G. A. Schierenberg, Der Externstein. Detmold 1879.
J. B. Nordhoff, Die urthümlichen u. römischen Strassen im Kr. Hamm: A-v f. Post u. Telegraphie 1880 Nr. 1.
Derselbe, Die heimischen u. römischen Strassen im Kr. Warendorf: Das. 1881 Nr. 19.
Derselbe, Die alten Wallungen, Landwehren, Dammstrassen u. anderweitige A-mer: Z. W. 1881 39 I, 141.
J. Schneider, Die Karlschanze bei Willebadessen: Pick's Monats-Sch. 1881 VII. 335††).
H. Harland, Die Karlschanzen südwestlich von... Willebadessen: Z. N. S. 1882 S. 309.
Dr. Niemann, Die Steind-m-le in der Ahlhorner Heide und bei Endeln: M-gen O 1882 XII, 373.
A. Hoeynck, Die Wallburg bei Balve: Bll. z. nähern K W-n's 1882 XX, 3.
P. Robitsch, Die Befestigungen auf dem Brunsberge bei Höxter: Z. W. 1882 40 II, 98.
Fr. Darpe, Die Oldenburg (bei Horstmar): Z. W. 1883 41 I, 97.
J. Schneider, Die alten Heer- u. Handelswege der Germanen, Römer und Franken im deutschen Reiche 1882 H. I*, 1883 H. II, 1885 H. IV*, 1886 H. V*, 1888 H. VI, 1890 H. VIII*.
H. von Dechen, Notiz über einige erratische Blöcke in W-n: Verh. d. nat. V-s 1886 S. 43, 58.
J. B. Harling, Zwei Steindenkmäler in der Nähe von Alfhausen. Nebst Nachschrift von G. A. Hartmann: M-gen O. 1886 XIII, 242.
H. Hartmann, Die alten Wallburgen im mittleren Theile des Wiehengebirges in den Kr. Lübbecke u. Wittlage: Z. N. S. 1886 S. 120.
Derselbe, Die heidnische Culturstätte an der Porta: Am Urdsbrunnen 1886/87 B. 4, S. 7.
H. Veltmann, Das Grabmal des Königs Surbold: M-gen O 1886 XIII, 242.

---

†) Hundt, Steinwall u. Küchenreste bei Siegen: Pick's Monats-Sch. 1878 IV, 648. — H. Schaaffhausen, Ein Steinring auf dem Hohenseelbachkopf: Bonner Jahrbb. 1878 62, 177.
††) v. Cohausen, Grenzwälle im Siegener Lande (vgl. Siegener Bll. f. G. u. A-K* 1881 Nr. 2 f., 1886 Nr. 15): Corr.-Bl. d. G. V-ns. 1888 S. 80.

Fr. Böcker, G. von Damme u. des Gaues Dersaburg 1887 S. 18, 226.
F. A. Borggreve, Der keltische Opferstein in dem Lennethale*....: Z. W. 1887 45 II, 192.
(Dr. Wulf), Das versetzte Steindenkmal im ... Lastruper Nordesch: Vechtaer Z-g 1887 Nr. 17.
K. Mummenthey, Erstes Verzeichniss der Stein- u. Erdd-m-ler des Süderlandes unbestimmten Alters*. Aufgestellt im Auftrage des Vereins (f. Orts- u. Heimathk. im Süderlande). Mit 6 Handskizzen in Lichtdruck. Hagen 1888.
A. v. Opermann, Atlas vorg-licher Befestigungen in Niedersachsen. Hannover 1887 H. I. (Göttling. gelehrt. Azgen 1890 S. 193, 198.)
P. Robitsch, Der Sachsengraben auf dem Brunsberge — die Wildburg oberhalb Wehrden: Höxtersches Kreisbl. 1888 Nr. 57, 151, 152.
Tewes, A-mer u. Steind-m-ler im Osnabrückischen: Verh. Berl. Ges. 1888 S. 205.
W. Fricke, G-lich-kritische Feldzüge durch das nördliche W-n. A. Varus u. Germanicus im nördlichen W-n. B. Die sogen. Bauernburgen am Wesergebirge u. Teutoburger Walde. Minden 1889.
H. Hartmann, Die alten Wallbefestigungen des Regierungs-Bezirkes Osnabrück*: M-gen O (1889) XIV, 1, (1890) XV, 1.
C K., Das Westfalenland eine Urkunde alter Zeit: W-scher Merkur 1889 Nr. 111 ff.
W. Fricke, Das mittelalterliche Westfalen*... Minden 1890. Mit einer Karte vorg-licher Befestigungen im mittleren u. nördlichen W-n, und einer zweiten: Pässe, Passwehren u. alte Befestigungen im nördlichen W-n.

Vorzugsweise Kleinfunde, Geräthe, Waffen, Bildnisse, Gemmen.

Vgl. oben S. 15.

K. A. Kortum (Dichter der Jobsiade), Beschreibung einer neuentdeckten, alten germ. Grabstätte (Weitmar), nebst Erklärung der darin gefundenen A-mer; zugleich Etwas zur Charakteristik alter römischer und germanischer Leichengebräuche und Gräber*. Dortmund 1804.
W. Tappe, Die wahre Gegend und Linie der dreitägigen Hermannsschlacht*. Essen 1820.

C. G. Clostermeier, Wo Hermann den Varus schlug. Lemgo 1822†).
Verzeichniss der sehr zahlreichen ... S-lg von Münzen und Medaillen ... des Vicekanzlers ... J. J. von und zur Mühlen. Münster 1824 S. 400.
Über allerlei heimische u. römische Kleinf-de (auch Spindelringe): Progr. des Raths-Gymnas. zu Osnabrück 1828 S. 12, 1846 S. 22, 1853 S. 70, 1873 S. 20††).
H. A. Erhard, Nachricht von den bei Beckum (1835) entdeckten alten Gräbern*. Münster 1836. Abdr. aus Z. W.
J. Niesert, Versuch eines archäologischen Beweises, dass die bei Beckum entdeckten alten Gräber die älteste Form christlicher Begräbnisse nicht darstellen. Coesfeld 1836†††).
J. B. Diepenbrock, G. des Amtes Meppen ... Münster 1838 S. 41, 52, 78.
K. Th. Menke, Pyrmont und seine Umgebung. Pyrmont 1840 S. 22.
N. Meyer, Über Bronze- u. Thongefässe von Halle: W-sche Prov.-Bll. 1843 3 I, 172.
Grote, Sonderbare Zeichen an einer altdeutschen Urne*: M-gen O 1848 I, 262. — Beschreibung altdeutscher Handmühlen: Das. I, 263.
Carvachi, Über Eisenf-de u. W-sche Gräber mit Beigaben der Steinperiode: Corr.-Bl d. G. V. 1855 III. 13, 14.
Limberg, Über w-sche Gräber bloss mit Metallbeigaben: Corr.-Bl. d. G. V. 1855 III, 13.
F. Wiskott, Beiträge zur G. der Stadt Soest. Soest 1858 S. 75, 79.
H. Schaaffhausen, Über Stein- u. Knochengeräthe aus dem Hünengrabe bei Uelde: S. niederrh. Ges. 1859 S. 103.
Essellen, Aufgefundene Antiquitäten: Corr.-Bl. d. G. V. 1860 S. 7.
Grotefend, Über Goldbrakteaten von Landegge: Z. N. S. 1860 S. 396.
Essellen, Über Grabf-de westl. von Beckum: Corr.-Bl. d. G. V. 1860 VIII, 75. (Vgl. oben S. 35).

---

†) K. Daeves, Urnen-Ausgrabungen (zu Stolzenau): |Westphalen u. Rheinland 1824 S. 25. — W. Strack, Ueber F-de im Bückeburgischen: W-sche Prov.-Bll. 1828 II, 148.
††) Über vereinzelte Bernsteinfunde im Osnabrückischen: W-sche Beyträge z. Nutzen u. Vergnügen Osnabrück 1777 St. 9, 63. Vgl. jedoch H. Genthe: Pick's Monats-Sch. II, 1.
†††) Nach S. 23 beschrieb der Verfasser germanische u. römische A-mer im Coesfelder Wochenbl. 1835.

F. v. Quast, Berichtigung über die F-de bei Beckum*: Corr.-
  Bl. d. G. V. 1861 IX, 1.
Essellen, „Erwiderung": Das. IX, 29.
Derselbe, Grabf-de bei Beckum: Bonner Jahrbb. 1862
  32, 134.
F. v. Quast, Gräberf-d bei Beckum: Bonner Jahrbb. 1863
  35, 78.
Derselbe, Die Aufgrabung des Todtenfeldes bei Beckum:
  Corr.-Bl. d. G. V. 1864 XII, 57.
Essellen, Die Gräberf-de bei Beckum (gegen Quast): Bonner
  Jahrbb. 1864 36, 142.
Pinder, Über eine bei Beckum gef. Münze: Monatsber.
  der Berl. Akademie 1864 Juli S. 572.
G. Waitz, Über das Alter der Beckumer F-de: Forschungen
  z. deutsch. G. 1865 V, 408.
F. A. Borggreve, Die Gräber von Beckum* ... 1860
  bis 1863: Z. W. 1865 25, 337.
Essellen, Bemerkung über die Leichenfelder bei Beckum.
  Z. W. 1867 27, 275.
J. H. Müller, Über altgermanische A-mer u. Bronzering:
  Z. N. S. 1863 S. 382.
v. Martels, Die eingeäscherte Preuss. Kr.-Stadt Ahaus
  1864 S. 15.
J. Friedlaender, Zwei Regenbogenschüsseln mit Auf-
  schriften* (von der Alme): Berl. Bll. f. Münz-, Siegel-
  u. Wappenk. 1866 III, 169.
Chr. Petersen, Über heidnische Bildnisse: Forschungen
  z. deutschen G. 1866 VI, 317.
Geisberg, Ein Urnenfund (Dortmund): Z. W. 1867 27, 374.
F. A. Borggreve, Die bei Werne in der Lippe gefundenen
  A-mer*: Z. W. 1869 28, 309. (Bonner Jahrbb. 39, 376.)
H. Geisberg, Vier Ringe von Bronze*: Z. W. 1869 28
  I, 359.
v. Dücker, Über vorg-liche Menschenspuren a/d. Weser
  (Hausberge): Corr.-Bl. d. nat. V-ns 1871 S. 112.
H. Schaaffhausen, Über vorg-liche F-de in W-n: Ber.
  über die Anth-Vers-lg in Dresden 1874 S. 44.
Derselbe, Über Steinbeile von Vlotho und Bronzecelte
  von der Weser: S. niederrh. Ges. 1876 S. 246 28.
Hosius, Waffen u. Werkzeuge ... gef. in der ... Ems ...
  nordöstl. von Münster ... in der Lippe bei Werne.
  Gymnas.-Programm Münster 1871. Verh. d. nat. V-s
  1872 S. 39, 103, 105.

H. Schaaffhausen, Über ein Bronzebeil von Vlotho: S. niederrh. Ges. 1872 S. 116.
M. F. Essellen, G. der Grafschaft Tecklenburg. Schwerte 1877 S. 3.
W. Grevel, Das Rauenthal bei Hattingen: Pick's Monats-Sch. 1878 IV, 293.
C. Berlage, Über allerlei F-de in der Umgebung von Salzbergen: Kat. Berl. Aust. 1880 S. 184.
A. Lorenz, Ein goldenes Gefäss zu Burgsteinfurt: Kat. Berl. Aust. 1880 S. 595. (Vgl. Z. N. S. 1865 S. 408.)
H. Schaaffhausen, Über eine Steinbeils-lg a/d. Weser: Ber. über die Anth-Vers-lg zu Berlin 1880 S. 130.
Derselbe, Über Bronze- u. Thonf-de von Lohne bei Soest, sowie über einen Grabf-d bei Schmerlecke: S. niederrh. Ges. 1880 S. 112, 113.
Steinaxt aus dem Süderlande (bei Altena): Pick's Monats-Sch. 1880 VI, 586.
Lentze, Die Ausgrabungen bei Schmerlecke: Z. des V-ns f. die G. von Soest u. der Börde. Soest 1881/82 S. 41.
H. Hartmann, Thonfigur von Lübbecke*. Verh. Berl. Ges. 1881 S. 251.
Derselbe, W-scher Aberglaube in Beziehung auf die sogen. Donnerkeile. Pick's Monats-Sch. 1881 VII, 167.
H. Landois, Über ein Urnenfeld im Kinderhäuser Esch . . .: Beibl. z. Corr.-Bl f. Anth. 1881 XII, Nr. 10.
Derselbe, Die älteste heidnische Begräbnissstätte in Münster i/W.: Corr.-Bl. f. Anth. 1883 XIV, 30.
Derselbe, Über eine alte Waffe aus Hischhorn u. Eberzahn: Das. 1883 XIV, 31.
C. Mertens, Der Heidenkirchhof im Neuwalde bei Lippspringe: Z. W. 1883 41 II, 208.
Derselbe, Alte Grabstätten bei Nuttlar: Z. W. 1883 41 II, 208.
D'Oench, Über seine röm. u. german. A-mer aus der Umgegend von Vlotho: Corr.-Bl. d. nat. V-s 1883 S. 94.
F. v. Alten, Neue Oldenburger F-de: Verh. Berl. Ges. 1884 S. 267.
R. Virchow, Bronzeschnalle von Osnabrück*: Verh. Berl. Ges. 1885 S. 117.
Bibliotheca Lippiaca 1886 Nr. 238—241 über Urnen u. Grabmäler im Lippischen.
H. Dannenberg, Über das Medaillon Heinrich's I (Lastrup): Z. f. Numismatik 1887 XV, 289.

H. Landois, Das Urnenfeld in Westerode: Corr.-Bl. f. Anth. 1887 XVIII, 21.
Olshausen, Über Alsengemmen: Verh. Berl. Ges. 1887 S. 690, 697. — 1888 S. 306. (Vgl. Corr.-Bl. d. Westdeutsche Z. VII, § 97.)
Fr. Darpe, G. der Stadt Bochum (Beilage des Gymnasial-Programms): Bochum 1888.
Heissing, Der Beckmann-Venhoffsche Begräbnisshügel und seine Umgrabung: Ber. der ... Sektion Dorsten 1888/89 S. 14.
Strotkötter, Die Umgrabung eines Hügels in der Marler Heide: Ber. der ... Sektion Dorsten 1888/89 S. 22.
L. Kruse, Urnenf-d bei Westernkotten: Z. W. 1889 47, II, 190.
W. v. Stolzenau, F-de von A-mern im Hahnenmoore*: M-gen O 1889 XIV, 390.

Höhlen und Höhlenfunde.

Vgl. oben S. 16.

W. von der Marck, Über Produkte menschl. Kunstfleisses aus d. Balver Höhle: Corr.-Bl. d. nat. V-ns 1866 S. 66.
Fuhlrott, Über die anth. Ueberreste in der Klusensteiner Höhle: Corr.-Bl. d. nat. V-ns 1869 S. 130.
H. Schaaffhausen, Über Werkzeuge aus Stein u. Knochen der Höhlen des Hönnethales: S. niederrh. Ges. 1870 S. 111.
R. Virchow, Über einen Besuch der W-schen Knochenhöhlen (Balve): Verh. Berl. Ges. 1870 S. 359.
H. v. Dechen, Über die Balver Höhle: Corr.-Bl. d. nat. V-ns 1871 S. 99. (Corr.-Bl. f. Anth. 1871 S. 55.)
von Dücker, Vorg-liche Spuren des Menschen in d. w-schen Höhlen: Corr.-Bl. d. nat. V-ns 1869 S. 13 — 1870 S. 75 — 1873 S. 47.
H. Schaaffhausen, Über F-de in der Balver Höhle: Corr.-Bl. f. Anth. 1872 S. 43.
Derselbe, Über zwei ältere F-de der Balver Höhle: S. niederrh. Ges. 1872 S. 18.
Derselbe, Über Höhlenf-de in W-n (Klusenstein, Letmathe): Ber. über die Anth.-Vers-lg zu München 1875 S. 63, Corr.-Bl. d. nat. Ver. 1875 S. 109.
Derselbe, Über die zahlreichen Messerklingen und Pfeilspitzen (Feuerstein) der Martinshöhle zu Letmathe: S. niederrh. Ges. 1875 S. 274.

Derselbe, Über die Martinshöhle bei Letmathe: Corr.-Bl.
 f. Anth. 1877 S. 135.
Derselbe, Über weitere F-de in der Martinshöhle: Bonner
 Jahrbb. 1877, 61, 166. — Ber. über die Anth.-Vers-lg
 zu Constanz 1877 S. 137.
H. v. Dechen, Ausgrabungen in der grossen Balver Höhle
 nach C. Cremer in Balve: Corr.-Bl. d. nat. V-ns 1879
 36, 90.
H. Schaaffhausen, Über die Räuberhöhle von Letmathe:
 S. niederrh. Ges. 1880 S. 157.
Derselbe, Über verschiedene Höhlenf-de: Ber. über die
 Anth-Vers-lg zu Berlin 1880 S. 129.
R. Virchow, Über die Bilsteiner Höhle bei Warstein:
 Verh. Berl. Ges. 1888 S. 335, 423.
Lent, Über die Artefacte der Bilsteinhöhle: Verh. Berl.
 Ges. 1889 S. 339, 592.

Lebensart, Trachten, Pfahlsetzung, Hausbau und Wirthschaft.
 Vgl. oben S. 17.

J. Möser, Über den Hakenpflug*: Sämmtl. Werke von
 Abeken IX, 179.
J. G. Hoche, Reise durch Osnabrück und Nieder-Münster
 (-land) in das Saterland, Ostfriesland und Gröningen*.
 Bremen 1800.
F-d, Zur G. des alten Sachsenlandes (Marsberg, Menschen-
 opfer): Hammsches Wochen-Bl. 1824 S. 147, 151.
J. S. Seibertz, Das Sonnenvogelfest*: Z. W. 1854 XV, 299.
A. Fahne, Die Herren ... von Bocholtz 1863 I, 228, 252.
R. Wilmans, Die ländlichen Schutzgilden Westfalens: Z.
 f. deutsche Kulturg. 1874 III, 1. (Vgl. Repertorium f.
 Kunstwissenschaft 1888 XI, 147. -- Darpe, Deutsche
 Literaturz-g 1890 S. 390).
H. Geisberg, Land u. Volk der W-n im 9. Jahrh.: Z. W.
 1875 33, I, 60.
H. Hüffer, Die Bedeutung des Wortes Pumpernickel: Pick's
 Monats-Sch. 1876 II, 272.
F. Jostes, Die Riete. Ein altw-sches Blasinstrument*: Z.
 W. 1887 47 I, 225.
H. Landois, Das w-sche Knöchelspiel: J-ber. d. w-schen
 Prov.-V-ns 1888 XVI, 66.
Strack, Nationaltrachten ... des nördlichen Deutschland
 in colorirten Blättern I—IV c. 1800. (W-scher National-
 Kalender 1801 II, 290.)

Über Volkstrachten der Ems-, Weser- u. Nordostlandschaft
R. Wagener: Corr.-Bl. f. Anth. 1887 XVIII, 40; Illustrirte Z-g 1889 Nr. 2386 S. 280 u. Nr. 2413 S. 315*.
Über einen Einbaum als Kahn der Ems: Azg. K. V. 1866 Sp. 159.
F-de von Todtenbäumen: Azg. K. V. 1871 Sp. 158.
Essellen, Todtenbäume in Rhynern: Bonner Jahrbb. 1872 52, 169.
Schmeckebier, Über Todtenbäume in Schwelm: Pick's Monats-Sch. 1878 IV, 539.
H. Landois, Über Baumsärge oder Todtenbäume: Corr.-Bl. d. westd. Z. 1887 VI, 154.
Derselbe u. B. Vormann, W-sche Todtenbäume u. Baumsarg-Menschen*: A-v f. Anth. 1888 XVII, 339.
Terborg, Die Todtenbäume von Rhynern: Z. W. 1889 47 II, 189.

Lentze, Pfahlsetzung bei Ardey ... (Soest) u. andere F-de der Nachbarschaft*: Verh. Berl. Ges. 1881 S. 78.
Müller, Über das w-sche Bauernhaus*: Weddigen's w-sches Magazin 1786 II, 269.
K. H. Nieberding, Die Lehmhäuser: Münster. Gemeinnütziges Wochenbl. 1809 Nr. 68.
F. Stohlmann, Erinnerungen aus Minden's G.* 1834 S. 111.
S-o, Der Hünenkeller bei Lengefeld: Waldeck. Gemeinnützige Z. (Von Gabert ...) 1837 I. 301.
G. Landau, Der altsächsische Bauernhof*: Beibl. z. Corr.-Bl. des Gesammt-V-ns 1859 S. 2.
W. Hamm, Das sächsische Haus*: Westermann's Illustrirte Monatsh!!. 1865 B 18, 605.
J. B. Nordhoff. Der Holz- u. Steinbau W-ns in seiner kulturg-lichen u. systematischen Entwickelung*: A² Münster 1873.
Simon, Die Pferdeköpfe an den Giebeln der niedersächsischen Bauernhäuser und ihre Beziehung zu dem altgerman. Volksglauben: Z. N. S. 1880 S. 201.
H. Hartmann, Der Giebelschmuck der altsächsischen Häuser*: Pick's Monats-Sch. 1881 VII, 482.
R. Henning, Das deutsche Haus*: Strassburg 1882 (1884). (Derselbe. Die deutschen Haustypen. Nachträgliche Bemerkungen. Strassburg 1886.)
A. Meitzen, Das deutsche Haus in seinen volksthümlichen Formen*: Verh. des ... deutschen Geographentages zu Berlin (1882) I. 65.

H. Hartmann, Bilder aus W-n*. Neue Folge. Minden 1884 S. 664.

R. Virchow, Das altrügianische u. das w-sche Haus*: Verh. Berl. Ges. 1886 S. 635.

Derselbe, Das alte deutsche Haus*: Verh. Berl. Ges. 1887 S. 568.

W. Schwartz, Alte Hausanlagen*: Verh. Berl. Ges. 1887 S. 669.

A. G. Meyer u. J. Mestorf, Über die sächsischen Haustypen in Pommern* und am Niederrhein*: Verh. Berl. Ges. 1889 S. 614, 186, 189.

H. Landois, Das Füchtorfer Moor und das versunkene Schloss: J.-ber. d. w-schen Prov.-V-ns 1882 X, 32.

F. v. Alten, Einige Nachrichten über Eisenschmelzstätten im Herzogthum Oldenburg*: Z. f. Ethnologie ... 1882 XIV, 1 — Verh. Berl. Ges. 1884 S. 267.

H. Schaaffhausen, Bergbau-A-mer: Bonner Jahrbb. 1884 77, 210.

J. B. Nordhoff, Haus, Hof, Mark u. Gemeinde Nordw-ns. Stuttgart 1889.

Man lese:

Z. 21 u. 22 der Vorbemerkung statt „Zuthaten aus dem Mittelalter": „Zuthaten der historischen Zeit" (Vgl. S. 6 Note 2).

S. 28. Z. 14 im Anfange: Dr. Roese.

Erklärung.
- ○ Münze
- ⊙⊙ Urnen
- ○ Ring
- ∩∩ Urnenplatz
- ⌂ Röm. Karte
- ⌐ Waffe
- † Schwert
- ⋀⋀ Geräte
- ⊰ Römerstraße
- ⌇ Landwehr
- ⌂ histor.) Erd-
- ⌂ prähist.) Ring
- ⎯ Stein
- ± Horn u. Knochen
- ∼ Bronze
- ✳ Eisen
- ℞ römisch

Nienberge
Lingen
Zell
H. Röschhaus
H. Wilkong
Ht. Nünning
Altenroxel
v. Wasel
Mühlheim
Ht. Feldhaus
Mark u. Gemeinde
e. Hagen